Manipulation : ne vous laissez plus faire !

Dans la collection Eyrolles Pratique :

- *Examens : en forme le jour J*, Jean-Marc Bayle
- *Réfléchir vite et bien*, Edward de Bono
- *Mieux vivre avec l'analyse transactionnelle*, Alain Cardon
- *Sortir des conflits avec les autres*, Christophe Carré
- *La PNL*, Catherine Cudicio
- *Avoir une sexualité épanouie*, Catherine Cudicio
- *Le coaching pour mieux vivre*, Catherine Cudicio
- *Mieux connaître sa personnalité*, Jean-François Decker
- *Petit guide de la retraite heureuse*, Marie-Paule Dessaint
- *Savoir et oser dire Non*, Sarah Famery
- *Etre soi sans culpabiliser*, Sarah Famery
- *Avoir confiance en soi*, Sarah Famery
- *Se libérer de ses peurs*, Sarah Famery
- *Proverbes psy pour mieux vivre*, Ysidro Fernandez
- *Slow down*, John Hapax
- *Mieux vivre avec ses émotions*, Didier Hauvette
- *La Gestalt-thérapie expliquée à tous,* Chantal Higy-Lang et Charles Gellman
- *Découvrir la musicothérapie,* Edith Lecourt
- *Oser s'exprimer,* Guyette Lyr
- *Couple : où en êtes-vous ?*, Catherine Olivier
- *Comprendre la crise d'adolescence*, Françoise Rougeul
- *La psychogénéalogie expliquée à tous*, Isabelle de Roux et Karine Segart
- *Les troubles du comportement alimentaire*, Laëtitia Sirolli

Jacques REGARD

Manipulation : ne vous laissez plus faire !

Cinquième tirage 2008

EYROLLES

Éditions Eyrolles
61, Bld Saint-Germain
75240 Paris Cedex 05
www.editions-eyrolles.com

Direction de la collection « Eyrolles Pratique » : gheorghi@grigorieff.com
Mise en page : Istria

© Groupe Eyrolles, 2005, ISBN 978-2-7081-3547-5

Sommaire

« *Accuser les autres de ses malheurs, cela est d'un ignorant.*
N'en accuser que soi-même, cela est d'un homme qui commence à s'instruire.
N'en accuser ni soi-même ni les autres, cela est d'un homme déjà instruit. »

Épictète.

Introduction

Aucun conducteur sensé ne laisserait un de ses passagers s'emparer du volant pour conduire à sa place et aller là où il veut. C'est pourtant ce qui se passe à chaque fois que nous sommes harcelés ou manipulés.

Brutalement ou insidieusement, quelqu'un nous impose de penser, d'agir, de vivre ou d'aimer comme il ou elle le veut. En utilisant des moyens qui nous paralysent, qui nous embrouillent ou qui nous empêchent de réagir, le manipulateur envahit et saccage ainsi une part plus ou moins importante de notre vie.

Quand on est gai et confiant un jour puis irritable, angoissé ou apathique un autre jour, on peut se résigner en pensant que la vie est ainsi faite. On peut aussi geindre, s'apitoyer sur son sort ou s'effondrer, angoissé et seul dans son coin. Mais cela ne change rien à ce qui nous préoccupe ou nous accable.

Il est normal de connaître des moments de découragement, par exemple lorsqu'on est surchargé de travail ou, au contraire, lorsqu'on craint d'en être privé. Il est tout aussi légitime de manquer de confiance ou de douter lorsqu'on est confronté à l'échec, au conflit, à la maladie ou à une situation apparemment sans issue. Mais bien souvent ces symptômes sont aussi la conséquence directe d'une forme de manipulation.

Certaines manipulations sont tellement dissimulées ou perverses que bien souvent la victime ne peut en déceler l'origine. Elle s'accuse à tort et cherche en quoi elle pourrait être responsable de ce qui lui arrive. A l'inverse, d'autres manipulations sont tout à fait prévisibles ; on se prépare, on jure que cette fois-ci on ne se fera pas « avoir ». Mais on sait aussi que l'on sera incapable de résister au manipulateur et que l'on finira par lui céder.

Manipulation : ne vous laissez plus faire !

Cet ouvrage est destiné à tous ceux et à toutes celles qui en ont assez de se faire marcher sur les pieds, assez d'être trop gentils ou trop bons, assez de ne pas pouvoir vivre leur vie, assez d'être malheureux. En un mot, ce livre s'adresse à tous ceux qui en ont assez de se faire manipuler.

La manipulation n'est pas une fatalité. Personne n'est obligé de passer sa vie à suivre ou à subir la volonté des uns ou des autres. Il est possible de changer et de ne plus se laisser faire sans réagir.

Pour mieux se défendre et pour ne plus se reprocher d'avoir été trop gentil, trop bon ou trop confiant, ce livre vise **deux objectifs**. Le premier est de faire découvrir, à travers de nombreux exemples, les différents aspects de la manipulation qui, pour la première fois, ont été classés de façon nette, claire et précise. Il est en effet indispensable de bien connaître les symptômes, les mécanismes et les ressorts des différents types de manipulation si l'on veut espérer pouvoir s'en défendre efficacement.

Le deuxième objectif de ce livre est d'apporter des armes et des munitions à toutes celles et à tous ceux qui s'estiment victimes de harcèlement ou qui se sentent manipulés (d'une manière ou d'une autre) sans savoir comment se défendre ou se sortir du piège dans lequel ils sont tombés. On découvrira dans les différents chapitres toutes les techniques utilisées par les manipulateurs ainsi que les moyens d'y résister.

Les informations ainsi que les nombreux exercices et outils contenus dans ces pages sont destinés à ceux qui veulent vraiment les mettre en pratique. Que chacun en retienne ce qui lui conviendra le mieux pour se délivrer de ce qui le gêne et vivre ainsi plus libre et plus heureux.

Partie I

Qu'est-ce que la manipulation ?

Chapitre 1
Les trois types de manipulation

Vous avez dit manipulation ?

Avant de pouvoir résoudre n'importe quel problème, il faut commencer par l'identifier et chercher à savoir comment il se présente. Les mots de **manipulation** ou de **harcèlement** sont d'un usage de plus en plus courant. Les médias parlent sans cesse de manipulation électorale, de manipulation de capitaux ou encore, de manipulation de l'opinion publique. Les projecteurs de l'actualité, un temps braqué sur le harcèlement sexuel, se concentrent désormais sur le harcèlement moral.

La manipulation a de multiples visages, parfois très familiers. Le copain qui s'invite à l'improviste (sans se préoccuper d'un éventuel dérangement) ou celui qui nous emprunte régulièrement des outils, des livres ou de l'argent sans jamais nous les rendre sont des manipulateurs. Le collègue qui obtient le projet ou le poste qui devait normalement nous revenir, la copine qui minimise toujours ce que l'on fait ou enfin, cet individu dont la conversation nous met « le moral dans les chaussettes » : c'est encore et toujours de la manipulation ! Est-elle inévitable ? Y a-t-il des personnes plus sensibles que d'autres à la manipulation ? Est-ce un mal que l'on doit subir en serrant les dents ou peut-on faire quelque chose pour éviter les manipulateurs ou s'en défendre ?

Avant de pouvoir répondre à ces questions, il faut commencer par savoir ce qu'est la manipulation, de quoi elle est faite et comment elle fonctionne. Ensuite et à partir de ces bases solides, nous pourrons découvrir les moyens et les outils à mettre en œuvre pour ne plus se laisser faire.

Fondamentalement, il existe **trois types de manipulation qui se distinguent les unes des autres par l'intention spécifique et particulière du manipulateur.**

- Dans un premier type de manipulation, l'intention du manipulateur est toujours **bonne**, **utile** ou **agréable** pour celui qui en fait l'objet.

- Dans un deuxième mode manipulatoire, l'intention du manipulateur est **égocentrique**. Ce dernier fait tourner le monde autour de ses intérêts personnels, sans se soucier des conséquences pour ses victimes.
- L'intention du manipulateur, dans un troisième genre de manipulation, est à caractère **paranoïaque** et vise toujours un objectif destructeur et malveillant.

La manipulation Positive (type I)

L'intention d'une manipulation positive est systématiquement bonne, utile ou agréable. Même s'il ne s'agit pas réellement d'une manipulation au sens où on l'entend habituellement, il est important d'en parler, ne serait-ce que pour mieux percevoir les autres manipulations douteuses qui se cachent derrière des apparences naïves, mielleuses ou faussement amicales.

Faire un cadeau ou une surprise agréable à quelqu'un correspond à une manipulation type I, mais offrir une boîte vide à un enfant pour son anniversaire et rire aux éclats de sa déconvenue n'est pas une manipulation type I même si l'adulte affirme le contraire.

Ce premier type de manipulation (comme son nom l'indique) contient toujours une intention positive ; c'est le contraire du chantage. Même lorsqu'un parent exerce un peu de pression pour amener son enfant à se laver régulièrement les dents ou lorsqu'une infirmière tient un discours réconfortant, une seringue à la main (*n'ayez pas peur, vous n'allez rien sentir.*), l'intention demeure bonne et va dans le sens du bien, du bon, de l'agréable ou de l'utile. La douce persuasion[1] fait partie de ces manipulations positives.

Une mère de famille peut stimuler son enfant qui rechigne à travailler en lui disant : « Si tu finis ton devoir avant-midi, tu auras tout l'après-midi pour faire ce qui te plaît, sinon, tu y passeras la journée sans te faire plaisir. »

1. Traduction littérale de ce que les Anglais appellent *sweet persuasion*.

On peut aussi manipuler quelqu'un en lui montrant les aspects positifs de quelque chose qui lui déplaît : « Écoute, je ne peux pas rentrer à l'heure prévue parce que je suis obligé de rester au bureau... Je sais que c'est ennuyeux, mais cela me permettra de rentrer plus tôt vendredi pour partir en week-end. »

Que l'on appelle cela du marchandage, de la diplomatie, de la négociation, un simple conseil ou de la persuasion, il s'agit toujours de manipulation. Mais cela correspond à une manipulation type I car l'intention part du cœur et le manipulateur recherche d'abord le bien de la personne qui fait l'objet de la manipulation.

Si par contre, l'on veut vous faire croire que quelque chose est bon pour vous alors que vous savez ou que vous sentez le contraire, soyez certain qu'il ne s'agit pas d'une manipulation type I. Lisez la suite pour ne plus vous laissez faire !

La manipulation Égocentrique (type II)

L'intention qui guide le manipulateur égocentrique est la recherche de son bénéfice personnel. Il ne songe qu'à ses intérêts, sans se préoccuper des désagréments, de la gêne ou du malaise que sa conduite peut causer à autrui. Le manipulateur type II est banalement rusé, roué, trompeur, débrouillard ou beau parleur. Il est souvent guidé par l'appât du gain, du pouvoir ou de la renommée ; ne pensant qu'à lui, il agit toujours égoïstement.

La manipulation de type II est celle dont nous sommes victimes quand nous sommes trompés, manipulés ou piégés par quelqu'un qui cherche à acquérir quelque chose qu'il ne pourrait pas obtenir autrement.

Jean-Pierre, qui n'avait pas de qualification particulière, mais qui possédait beaucoup de charme et qui savait parler, faisait du porte-à-porte pour vendre des encyclopédies. Il réussissait très bien car il avait découvert qu'il était très convaincant auprès des personnes âgées qui, se fiant à sa bonne mine, signaient le contrat sans savoir à quoi elles s'engageaient. Il ne se préoccupait pas de savoir si leurs faibles revenus leur permettraient de payer des traites dont le total représentait plus d'un mois de salaire. L'essentiel pour lui était d'avoir des contrats ; c'était là son gagne-pain.

- **Le manipulateur de type II, c'est cet ami** qui nous demande un service ou de l'argent en faisant en sorte que nous ne puissions pas le lui refuser. C'est aussi celui qui, pour montrer son esprit, envoie des piques et se moque sans savoir s'arrêter lorsque cela devient blessant. **C'est** également **l'employé** qui met des bâtons dans les roues de ses collègues pour se faire « bien voir » ou pour obtenir une promotion à leur place. **C'est l'enseignant** qui terrifie sa classe pour prouver sa puissance ou c'est encore le journaliste qui dramatise un sujet pour être certain que son reportage « damera le pion » à tous ses concurrents. Aucun de ces personnages n'agit pas par méchanceté. Fondamentalement, ils ne veulent nuire à personne. Non, ils pensent simplement à leur intérêt personnel, sans songer ou sans trop se soucier des conséquences.
- Beaucoup de disputes ou de séparations fracassantes sont dues à ce type de manipulateur. **C'est le mari « macho »** qui veut montrer son autorité et son indépendance en ne faisant que ce qui l'intéresse, sans tenir compte des attentes de son épouse. En voulant prouver qu'il est le chef et que personne ne peut le commander, il ne voit pas les bouleversements que son comportement provoque chez sa compagne. Cet homme qui se croit si parfait sera tout surpris un jour de la voir partir. **À l'inverse, la femme** qui contredit ou qui dévalorise régulièrement son mari en public pour montrer qu'elle n'est pas une femme soumise et qu'elle a du caractère se révèle être une manipulatrice.
- **Les hommes politiques** qui font des promesses à tour de bras et qui, une fois élus ne les tiennent pas, sont des manipulateurs de type II, au même titre que les entreprises qui délocalisent en licenciant leur personnel simplement pour augmenter les bénéfices. Ces dernières ne pensent qu'à leurs intérêts, sans se soucier des catastrophes sociales à venir. **Un chef** qui ne se sent pas à la hauteur fait de la manipulation de ce type pour

imposer son autorité défaillante en divisant pour mieux régner ou en pratiquant le favoritisme.

- **Le marketing** est friand des manipulations égocentriques, comme en témoigne l'exemple suivant (expérience menée par des chercheurs en psychologie sociale)[1].

En se voyant offrir un échantillon de pizza à l'entrée de leur supermarché, une personne sur deux acceptait d'y goûter. Mais si le démonstrateur leur touchait le bras en faisant sa proposition de dégustation, ils étaient deux sur trois à accepter son offre et surtout deux fois plus nombreux à mettre ensuite cette même marque de pizza dans leur caddy.

Personne ne possède d'explication rationnelle susceptible d'expliquer ce phénomène, mais toucher le bras de quelqu'un en lui faisant une offre n'en demeure pas moins une petite cause produisant de grands effets, surtout pour le manipulateur.

- Ce dernier exemple nous montre que certaines manipulations n'ont pas obligatoirement de conséquences néfastes. Malheureusement la plupart de nos désagréments proviennent quand même de manipulations égocentriques que nous n'avons pas su prévenir ou auxquelles nous n'avons pas su résister.

Sylvie reçoit sa vieille tante qui a souhaité venir passer quelques jours chez elle. Mais en acceptant (ou plutôt en s'abstenant de refuser cette demande), elle ne pouvait imaginer la nature de l'engrenage dans lequel elle venait de mettre le doigt. Dès le premier soir, la tante dit à Sylvie : « Demain nous commencerons par aller visiter cette exposition qui ouvre à 10 heures, ensuite nous irons manger dans ton restaurant habituel, comme ça, je verrai où tu travailles et puis tu pourras utiliser tes tickets restaurants. L'après-midi, nous irons faire les grands magasins et le soir nous finirons dans un salon de thé car tu dois en

1. *Petit traité de manipulation à l'usage des honnêtes gens*, Robert JOULE et Jean BEAUVOIS, Éditions PUG, p.172.

connaître de très bons. Tu sais, je ne suis pas sortie en ville depuis très longtemps et c'est pour moi une grande joie de passer quelques jours avec toi. » Sylvie tente de protester, d'expliquer qu'elle ne peut pas se libérer aussi facilement, mais sa tante ne la laisse pas parler et lui explique qu'elle se sent tellement seule depuis la mort de son mari qu'il faudrait ne pas avoir de cœur pour lui refuser un si petit plaisir. Sylvie, touchée, ne sait que répondre et sa tante en profite pour ajouter : « Allez c'est dit, on fait comme ça ! Au fait, qu'est-ce qu'on mange pour le dîner ? Tu sais, d'habitude je ne mange pas beaucoup le soir mais, pour une fois que je suis avec toi nous pourrions en profiter. Je te laisse choisir le restaurant, je ne suis pas difficile et du moment que ce n'est pas trop bruyant, moi, tout me va. »

Qu'il s'agisse de petits filous, de marketing, d'hommes politiques, d'entreprises rapaces, de petits chefs, de collègues égoïstes ou de maris « macho », le manipulateur type II agit en priorité pour satisfaire ses intérêts et n'a pas l'intention de faire du tort à qui que ce soit. Entièrement concentré sur ce qu'il souhaite, il ne voit pas ou refuse de voir les dégâts bien réels que son comportement engendre. Cependant, on peut discuter avec lui et le faire changer d'avis en misant sur sa relative honnêteté intellectuelle.

La manipulation Malveillante (type III)

Avec ce troisième type (la manipulation Malveillante), nous entrons dans le domaine du sournois, du glauque. Cette tentative consciente et volontaire de destruction d'autrui est extrêmement dangereuse. En effet, si l'intention du premier type de manipulateur est positive et celle du deuxième égoïste, **l'intention du troisième manipulateur est la destruction**.

Ce dernier ne veut le bien de personne et il ne cherche pas nécessairement son intérêt personnel. Son unique et principal but est de détruire ce qui le menace ou ce qui lui paraît intolérable ou haïssable.

On peut résumer l'intention de ce manipulateur du troisième type en affirmant que tout ce qu'il entreprend est destiné à vous abattre, à ruiner ce que vous faites ou à détruire un aspect de votre personnalité qui ne lui convient pas.

Les deux caractéristiques de la manipulation type III

Cette manipulation est caractérisée par une intention malveillante et perverse ainsi que par la dissimulation de ses attaques.

Une intention malveillante et perverse

Quand il fait du tort à quelqu'un, le manipulateur mal intentionné prétend souvent le contraire et affirme qu'il agit pour le bien de sa victime ou pour un motif valable. L'intention malveillante se cache souvent derrière une apparente honnêteté.

Michel est éducateur et s'occupe d'enfants handicapés. Un jour, il a la désagréable surprise de voir les gendarmes entrer dans sa classe pour lui poser des questions car sa femme, une manipulatrice avec laquelle il est en train de divorcer, l'accuse d'avoir entretenu des relations incestueuses avec ses petites filles de 6 et 8 ans. Il se défend et tente de se justifier. Mais, pour obtenir la garde des enfants, son épouse reprend et utilise tout ce qu'il dit pour « l'enfoncer » davantage. Elle prétend agir dans l'intérêt de ses enfants. L'accusation était bien sûr sans fondement, mais l'affaire a quand même duré plusieurs années durant lesquelles il a été totalement impossible à Michel de rencontrer ses filles, hors la présence d'une assistante sociale. Il a dépensé toutes ses économies, a perdu tous ses biens, sa maison, sa voiture, son mobilier et s'est endetté afin de payer un avocat. À cause de l'accusation mensongère portée par son épouse, il lui a été interdit de travailler avec des enfants mineurs et il a donc perdu son emploi. Après plusieurs années de procédures, totalement ruiné et complètement « démoli » tant moralement que physiquement, il est enfin reconnu innocent. Le mal est fait et sa vie est définitivement brisée. La manipulatrice a gagné sur tous les plans.

La dissimulation des attaques

Le manipulateur s'arrange toujours pour détruire ses victimes sans se faire remarquer d'elles. Il détruit, mais en le dissimulant à ceux qu'il cherche abattre. Ce type de manipulation s'apparente à une destruction discrète, silencieuse et sans visage pour ceux qui ne savent ou qui ne veulent pas la voir.

Laure est chef de service et déjeune tous les jours à midi avec Christiane, une collègue et amie. Elles profitent de ces moments de détente pour parler de choses et d'autres et aussi pour échanger des idées ou des conseils, lorsqu'elles rencontrent des difficultés particulières. Progressivement, Laure est mise sur la touche et voit ses responsabilités fondre comme neige au soleil. Après lui avoir régulièrement reproché des fautes sans fondements, son supérieur lui retire toutes ses responsabilités d'encadrement et la nomme à un poste où elle n'a plus personne à diriger. Longtemps, elle a cherché à comprendre ce qui lui était arrivé. Elle parlait souvent avec Christiane de ce que son chef lui faisait subir. Elle tenta, mais en vain, d'obtenir des explications et chercha quelles étaient les raisons de sa disgrâce. Elle se sentait coupable et perdit confiance en elle. Un jour, enfin, elle constata que son « amie » Christiane assurait désormais ses anciennes fonctions et reprenait à son nom les projets qu'elle avait initiés. Laure réalisa, mais un peu tard, l'origine de son malheur.

Dans un ouvrage précédent, nous avions déjà abordé le comportement malfaisant de celui qui n'attaque pas ouvertement et qui emploie des moyens détournés pour abattre sa victime. Nous parlions alors d'hostilité dissimulée[1]. Aujourd'hui, nous complétons cette notion en donnant le nom de manipula-*tueur* à celui qui adopte un tel comportement.

1. Cette attitude fait partie de la carte des comportements qui analyse et classe les comportements humains en rapport avec la motivation. Voir *Gens qui rient, gens qui pleurent*, du même auteur, Éditions Village Mondial, 2001.

1. Les trois types de manipulation

Le manipula*tueur*

Ce qui le définit

Le manipula*tueur* est d'un **orgueil démesuré** et très **méfiant**, il a tendance à raisonner faux.

Il **ne respecte pas la personne** et cherche à l'empêcher de vivre à sa manière. Son **objectif est de diminuer**, de rabaisser, **voire de détruire ses victimes.** Pour parvenir à ses fins, **il emploie la désinformation, le mensonge** ou **la calomnie.**

Pour un observateur attentif, il est évident qu'il sème le trouble autour de lui et qu'il monte les gens les uns contre les autres. C'est **un expert du harcèlement** moral qui intervient peu directement, préférant pousser les autres à agir à sa place.

C'est un lâche qui fait en sorte que ses victimes se sentent à la fois responsables et coupables de ce qu'il leur fait subir et cela lui permet de continuer à détruire en toute innocence.

On ne peut guère l'impressionner, ni avoir prise sur lui ; **il semble inattaquable et inébranlable** ; il sait tout, connaît tout. On voudrait pouvoir se défendre et contre-attaquer, mais comme il terrorise les gens, ceux-ci n'y parviennent pas ou n'osent pas. Quand ils tentent quelque chose cela se retourne généralement contre eux, semblant ainsi donner raison à leur persécuteur.

Il se dit honnête et juste, agissant pour votre bien ou pour une bonne cause. Ce système de défense implique que **jamais il ne reconnaîtra ses torts.** Quand il est pris en faute, il ne regrette rien ; il ne s'excuse pas et n'éprouve aucune compassion pour ses victimes.

Paranoïaque, il est très souvent obsédé par l'idée d'être en danger. Cette menace est pour lui tellement réelle qu'elle lui permet de justifier et de légitimer ses actes malfaisants. C'est ainsi que des gens sont amenés à tuer et à torturer au nom de leur foi, de leurs convictions ou de leurs angoisses ; ils peuvent même en éprouver de la fierté.

Un monstre !

Il est difficile d'imaginer que des êtres humains puissent faire preuve de tant de méchanceté d'acharnement et de haine. Une personne saine et normale a beaucoup de mal à concevoir que l'on puisse nourrir de telles intentions destructrices et néfastes. C'est aussi insensé que de s'imager soi-même, en train de tuer, de torturer ou de violer. Cependant, de la même manière qu'il y a des assassins, des bourreaux ou des violeurs, il y a aussi des êtres malveillants qui répandent le mal autour d'eux.

Penser que de tels individus n'existent pas dans notre entourage ou croire qu'ils vont se lasser et cesser leur entreprise de destruction pour changer de stratégie relève de l'illusion. Pire, cette erreur de jugement fortifie le manipulateur et le rend plus redoutable encore pour celui qui croit de telles balivernes.

C'est l'ambiguïté qui existe entre sa parole et son action qui rend le manipulateur type III extrêmement dangereux. Ce dernier peut très bien avoir une apparence agréable et tenir des propos rassurants, tout en agissant dans l'ombre afin de monter les gens les uns contre les autres et de générer ainsi d'importants conflits.

Un manipula*tueur* peut être très apprécié par son entourage et, dans le même temps, adopté des comportements tout à fait détestables et ignorés de tous.

Éléonore 32 ans, attachée de direction dans une grande entreprise, est régulièrement battue par un mari jaloux qui voudrait lui faire avouer qu'elle le trompe alors que cela est faux. Elle porte souvent des lunettes de soleil et des vêtements appropriés pour qu'on ne remarque pas la marque des coups qu'elle a reçus. Comme beaucoup de femmes battues, elle ne se confie à personne, de peur que son mari ne s'en prenne à ses enfants. Et puis, elle aime son compagnon et ne veut pas le quitter. Elle souhaite préserver sa vie de couple et de famille. Avec le temps, la situation lui semble sans issue et elle finit par sombrer dans la dépression.

Un des résultats les plus courants de ce type de manipulation est le sentiment de culpabilité qui submerge la victime. En dissimulant ce qui se passe et ce qu'elle subit, elle devient en quelque sorte la complice de son bourreau.

Cette manipulation est, à bien des égards, monstrueuse ; elle est difficile à dénoncer car, au sentiment de culpabilité déjà évoqué, s'ajoute la honte éprouvée par les victimes. Tel est souvent le sort des enfants qui ont subi l'inceste ou des actes de pédophilie. À la souffrance des sévices subis s'ajoute le sentiment de culpabilité généralement imposé par l'adulte : « C'est de ta faute, c'est toi qui me pousses à faire ça... » La culpabilité fait insidieusement son chemin dans l'esprit de la victime et la conduit à penser qu'elle mérite ses souffrances, que le manipula*tueur* a raison de se comporter comme il le fait ou qu'il agit dans son intérêt.

Qui est-il ?

Il a un visage anonyme et quotidien. Il peut être ce père de famille qui maintient femme et enfants sous une poigne de fer. Il les écrase sous sa loi tyrannique ; il les empêche de penser et de vivre pour et par eux-mêmes ou de prendre la moindre initiative. Dans le même temps, il affirme haut et fort qu'il est un parent responsable qui ne pense et qui n'agit que pour le bien de sa famille. C'est le cas de cet homme qui a réussi à empêcher, discrètement et à plusieurs reprises, le mariage de sa fille avec des garçons qui, d'après lui, n'étaient assez bien pour elle.

Dans la vie de tous les jours et aux yeux de sa victime, le manipula*tueur* ne se fait pas spécialement remarquer. Si à chacune de vos interventions, il lève les yeux au ciel et secoue la tête de façon désespérée comme si vous veniez de dire la pire des absurdités c'est parce qu'il sait que le temps joue pour lui et qu'à force de porter une infinité de petits coups discrets, il finira par détruire la personne ou le comportement qui le gêne.

Comment agit-il ?

Le **manipula*tueur* est obstiné** comme les vagues de l'océan qui, en minant inlassablement la résistance des roches les plus solides, finissent par faire s'écrouler des falaises entières. Il ne s'arrête jamais en chemin et ne recule devant rien pour détruire ce qu'il croit être une menace ou un danger car il a la conviction de se battre pour la bonne cause.

Le **manipula*tueur* utilise un véritable arsenal.** Les remarques insidieuses et dévalorisantes, les commentaires indélicats et les mensonges font partie, au même titre que les plaisanteries, les petites piques et les moqueries régulières, de ces armes très performantes qui affaiblissent et sapent le moral de celui ou de celle qu'il vise.

Carole est un peu enveloppée et en est complexée. Une de ses collègues l'a remarqué et, à chaque rencontre, ne manque pas de lui faire une remarque apparemment anodine : « Tu me parais bien en forme aujourd'hui... Ta robe te va très bien et elle cache bien tes hanches... Tu comptes faire un régime cet été ou tu pars en septembre ? As-tu songé à te faire opérer ? Reprends donc un peu de gâteau... » Cela fait rire les autres, mais pas Carole qui fait pourtant semblant de s'amuser avec les autres. Le soir, lorsqu'elle se retrouve seule dans son appartement, elle est désespérée par sa faiblesse et par son incapacité à effectuer un régime. Alors elle pleure et se console, en mangeant du chocolat.

Le **manipula*tueur* est cruel** ; il aime faire mal en critiquant, en se moquant ou en rabaissant sa victime, mais bien entendu, il ne supporte absolument pas qu'on lui fasse subir ce qu'il impose aux autres ou qu'on lui rende la monnaie de sa pièce. Il aime contrôler, mais ne supporte pas qu'on puisse le contrôler d'une manière ou d'une autre. De son point de vue, il pense que ce qui vous arrive n'a que peu d'importance, mais que ce qui lui arrive est, par contre, toujours très grave.

Le manipula*tueur* agit avec habileté. Il mène une guerre secrète, sans visage et dissimule si bien ses manœuvres, qu'il arrive que ses victimes se trompent complètement de coupable. Dans ce cas, tant qu'il ne sera pas véritablement démasqué, il continuera son œuvre de destruction, en tirant les ficelles et sans que personne ne le remarque.

1. Les trois types de manipulation

Bernadette et Christian sont mariés depuis plus de douze ans. Mais, depuis quelques années, ils ont de fréquentes disputes. Elle lui reproche, notamment, de ne penser qu'à son travail, de ne pas assez s'occuper des enfants et de lui laisser toute la charge de la maison. Lorsque les choses prennent trop d'ampleur, ils se calment, prennent du temps pour s'expliquer et arrivent à trouver des terrains d'entente. Mais, invariablement, les mêmes problèmes ressurgissent, sous une forme légèrement différente. Aujourd'hui, la situation est devenue tellement grave qu'ils en sont arrivés à envisager une procédure de divorce.

En désespoir de cause, ils décident de se faire aider par un professionnel. Très rapidement, il apparaît que les disputes surviennent le plus souvent après une visite ou un coup de téléphone de la belle-mère. En poursuivant leur réflexion, ils découvrent comment celle-ci met insidieusement de l'huile sur le feu en incitant sa fille à harceler son mari car elle est jalouse de voir leur couple tenir, alors qu'elle-même en est à son troisième divorce.

Après avoir compris qui les manipulait et comment on les manipulait, il leur a suffi d'utiliser et de respecter quelques règles simples pour retrouver une vie calme et harmonieuse.

Le manipula*tueur* agit insidieusement, et ce, quelle que soit son envergure ou l'étendue de son objectif. La manipulation type III est un monde obscur et cruel dans lequel le manipula*tueur* a réellement l'intention de faire du tort, de blesser ou de détruire une personne, une famille, un service, une entreprise, voire un pays ou une civilisation (comme c'est le cas pour les terroristes internationaux). Dans l'ombre, il poursuit son travail de sape, en se cachant derrière les apparences trompeuses de la pureté, de l'innocence, de la fragilité ou de l'amicale présence.

Le manipula*tueur* est un virus. Il est semblable aux cellules cancéreuses qui se développent silencieusement en détruisant lentement et systématiquement le système de défense de ses victimes jusqu'à ce qu'elles s'écroulent et soient incapables de réagir. Le plus souvent, quand on découvre sa présence pernicieuse, il est déjà trop tard.

« Après mon licenciement, j'avais placé toutes mes économies dans cette petite imprimerie. Si je ne connaissais pas trop la technique, les employés étaient de vrais spécialistes et je leur faisais entièrement confiance. Au début, tout marchait bien. J'avais des clients et les commandes arrivaient régulièrement. J'ai embauché de nouveaux employés et puis soudain, je me suis aperçu que plus rien ne fonctionnait. Je ne sais pas comment cela est arrivé, mais il y a eu beaucoup de congés maladie, un employé est même mort. En raison d'erreurs incompréhensibles, certains travaux ont dû être refaits à nos frais. Une machine a brûlé, sans que l'on comprenne vraiment pourquoi. Enfin, nous avons perdu de plus en plus de clients, à cause de rumeurs qui circulaient sur l'entreprise.

Mon moral est au plus bas. Un jour, je me sens battante et bien décidée à lutter contre le mauvais sort et puis, le lendemain, je ne vois pas d'issue. J'ai l'impression que je n'y arriverai jamais et je me sens coupable d'avoir raté quelque chose. J'ai envie de tout abandonner, tellement je me sens désespérée. Récemment, j'ai pris ma voiture et j'ai roulé à fond sur l'autoroute, pendant quatre cents kilomètres, sans savoir où j'allais. Quand j'ai réalisé que je cherchais à me supprimer, je me suis arrêtée et j'ai pleuré pendant deux heures. » (Témoignage)

Après avoir fait appel à un consultant extérieur, il est rapidement apparu que deux personnes se trouvaient systématiquement impliquées à chaque incident. Ensuite, le test de confiance a permis de repérer, avec certitude, le véritable manipulateur. Enfin, en utilisant et en mettant en œuvre quelques règles et principes simples, le problème fut rapidement réglé et les affaires reprirent.

Il ne s'agit pas de se demander si cela est possible, ni même si de tels personnages existent. La question est de savoir comment les repérer pour les éviter ou s'en défendre.

Les tests du troisième chapitre sont là pour aider le lecteur à savoir avec certitude *qui* l'attaque et *comment* on l'attaque. Il sera alors beaucoup plus facile de se défendre et d'utiliser les outils présentés dans la dernière partie de cet ouvrage.

Attention aux confusions !

La simple lecture d'une encyclopédie médicale entraîne, chez certains, la certitude d'être atteint de la maladie qu'ils sont en train d'étudier. Ils en ressentent les symptômes et les plus hypocondriaques iront jusqu'à consulter un médecin. Ce phénomène est courant chez les étudiants en médecine, en psychiatrie ou en psychologie.

La manipulation type III est un sujet lourd et troublant qui a tendance à plonger celui qui l'aborde dans une certaine confusion. C'est ainsi que certains lecteurs pourraient se laisser aller à penser qu'ils sont cernés par la manipulation. Ils pourraient également soupçonner tout le monde de vouloir les harceler dès qu'ils sont contrariés ou simplement contredits. Cette manière de se poser en victime ne fait qu'aggraver les choses ou attire les ennuis comme le paratonnerre attire la foudre.

La manipulation type III, dont le harcèlement moral fait partie, repose sur la volonté originelle du manipulateur de nuire ou de détruire. Mais il ne faut pas confondre cette volonté première qui caractérise le manipula*tueur* avec les conséquences d'une intention manipulatrice d'un autre type.

Bénédicte a l'impression que son directeur ne lui fait plus confiance et qu'il cherche à obtenir son départ. Il restreint ses activités et contrôle tout ce qu'elle fait ; il néglige de l'informer de ce qu'elle devrait savoir et ne tient pas compte de ce qu'elle dit. À la moindre difficulté, au moindre dossier égaré ou dès que quelque chose ne va pas, il commence par la culpabiliser puis, il la discrédite aux yeux du personnel.

Bénédicte, jadis si battante, est désormais complètement découragée. Elle se sent rabaissée, méprisée, humiliée et ne peut retenir ses larmes lorsqu'elle évoque sa situation. Elle cherche bien à se défendre, mais plus elle s'attaque au problème, plus elle se sent submergée par ce qui lui arrive et moins elle a le sentiment de pouvoir échapper à cet état de victime de harcèlement moral qu'elle a défini elle-même. Un jour, elle apprend par hasard que son patron cherche à la faire partir, non pas parce qu'il lui en veut ou qu'il cherche à la détruire, mais tout simplement parce qu'il voudrait embaucher sa maîtresse à sa place.

À compter de ce jour, Bénédicte est transformée. Elle réalise que c'est son directeur qui a un problème et qu'elle n'a rien à se reprocher ! C'est ainsi que la découverte de la véritable intention de son chef transforme une redoutable manipulation de type III en une simple manipulation de type II.

Au lieu de se maintenir en position de victime et ainsi de s'attirer des ennuis, elle arrête de douter, de se remettre en question ou de chercher en elle les raisons profondes des dysfonctionnements. Au fur et à mesure qu'elle cesse de penser « harcèlement moral », elle échappe émotionnellement aux attaques de son chef. Elle n'est plus paralysée par cette terrible sensation d'être la proie d'un destructeur pervers qui ne songerait qu'à l'éliminer.

En réalisant qu'elle est confrontée à un manipulateur type II, Bénédicte vit exactement les mêmes situations, mais d'un cœur bien plus léger. Maintenant qu'elle n'a plus peur, elle sait qu'elle va pouvoir s'affirmer, discuter, négocier et trouver avec son patron une solution à leur problème ; cela n'aurait jamais été possible avec un véritable manipulatueur qui ne pense qu'à détruire sans jamais se remettre en question.

Le harcèlement moral est un genre de manipulation de type III qu'il faut savoir reconnaître et démasquer. Cependant, il est facile de se tromper et d'accuser à tort, en oubliant de **tenir compte de l'intention véritable du manipulateur**. Il faut pour cela savoir élargir son champ de vision.

« Je l'ai quitté parce que j'avais l'impression qu'il m'empêchait de vivre. Quand il était là, c'est comme si je n'avais plus assez d'air pour respirer. Ce n'est qu'après que j'ai appris qu'il avait une maîtresse. Si je l'avais su plus tôt, je me serais certainement moins culpabilisée et j'aurais pu discuter avec lui pour essayer de comprendre ce qui n'allait pas entre nous. Cela n'aurait peut-être rien changé au résultat, mais au moins je ne me serais pas sentie si mal durant toute cette époque. Nous nous serions certainement séparés plus sereinement. » (Témoignage)

1. Les trois types de manipulation

En matière de manipulation la frontière entre ce que l'on imagine être la réalité et la réalité elle-même est souvent floue et incertaine. Cette ambiguïté peut aussi être créée volontairement comme en témoigne cette lettre faussement courtoise, rédigée par un véritable manipulateur type III, en réponse à un message de rupture.

« Les relations sont des étapes dans la vie, on a le droit de les interrompre. C'est d'ailleurs exactement ce que je désire à propos de la nôtre. Cependant, je ne me permettrais pas de la salir et de la qualifier négativement comme tu le fais. Pour ce qui concerne mes plantes que tu t'étais engagée à soigner et que tu as laissées mourir, saches que pour ce qui me concerne, je mets toujours un point d'honneur à veiller sur ce que l'on me confie. Tu avais le droit de refuser de me rendre ce service. On a le droit de dire non, y compris aux gens que l'on aime. Mais ne culpabilise pas, je me remettrai de cette perte. Concernant notre séparation, ton point de vue est respectable, même si je le trouve un peu négatif. Et je me demande s'il faut s'appeler comme je m'appelle pour t'emmerder ou si c'est toi qui as un problème avec les autres. Peut-être suis-je trop orgueilleux, mais j'avais cru avoir trouvé les mots et défini les situations susceptibles de te prouver que, sans pour autant se "pomper" ou s'arracher quelque chose, chacun peut apporter à l'autre. Maintenant, je me rends compte que cela est faux, surtout lorsque dans le couple, l'un des deux n'est pas clair ou bien qu'il manipule l'autre afin d'obtenir ce que le premier ne peut pas donner. » (Extrait de lettre).

Ce dernier exemple mérite d'être analysé avec attention.

Le manipulateur type III culpabilise et rabaisse l'autre pour se grandir : *« ... je ne me permettrais pas de la salir et de la qualifier négativement comme tu le fais. »*

Il manie le mensonge et la culpabilisation : *« ... je mets toujours un point d'honneur à veiller sur ce que l'on me confie. »*

Il pratique aussi la désinformation et toujours la culpabilisation : *« On a le droit de dire non, y compris aux gens que l'on aime. Mais ne culpabilise pas, je me remettrai de cette perte. »*

Il dévalorise et rabaisse à nouveau : *« Et je me demande s'il faut s'appeler comme je m'appelle pour t'emmerder ou si c'est toi qui as un problème avec les autres. »*

Enfin, il inverse les rôles, crée la confusion et prétend être irréprochable : *« ... surtout lorsque, dans le couple, l'un des deux n'est pas clair ou bien qu'il manipule l'autre afin d'obtenir ce que le premier ne peut pas donner. »*

À retenir

Ces trois exemples montrent que c'est bien l'intention du manipulateur (et non ses paroles ou ses gestes) qui détermine sa dangerosité. Il est donc indispensable de parfaitement bien comprendre le type de manipulation dont on est victime avant de pouvoir utiliser les outils qui correspondent le mieux à la situation.

L'essentiel de ce chapitre

- **Le manipulateur positif (type I)** a toujours de bonnes intentions envers la personne manipulée.
- L'intention du **manipulateur égocentrique (type II)** est égoïste ; il ne se soucie pas de ceux qu'il manipule.
- **Le manipulateur malveillant (type III)** ou **manipula*tueur***, a toujours une intention nuisible et destructrice. Il agit généralement dans l'ombre.
- Ces distinctions sont importantes, car avant de pouvoir traiter correctement un problème il faut être capable de bien comprendre ses données. Ne dit-on pas qu'un problème bien posé est déjà à moitié résolu ? Lorsqu'un *dealer* incite un jeune à goûter de la drogue, en lui disant qu'il ne cherche qu'à lui faire plaisir ou qu'il lui fait un cadeau parce qu'il est sympa, ce n'est pas de la manipulation de type I. Il faut être bien naïf pour croire qu'une manipulation type I puisse rester positive dès lors qu'elle est utilisée par un manipulateur de type II ou III. Il peut arriver qu'une personne fasse du mal ou du tort à une autre sans en avoir l'intention.

Dans ce cas, il s'agit d'une manipulation égocentrique de type II et le responsable éprouvera des remords et des regrets dès qu'il acceptera d'être mis en face des faits.

- Dans les manipulations malveillantes, les choses n'arrivent jamais par hasard. Bien que le manipulateur s'en défende, il y a toujours volonté de blesser, de détruire ou de porter préjudice. Le manipula*tueur* ne reconnaît que très rarement les faits. Il ne s'estime jamais coupable. Il n'éprouve ni remords ni compassion envers ses victimes. On peut arriver à discuter ou à négocier avec un manipulateur type II car il désire égoïstement quelque chose pour lui-même ; on ne le peut pas avec un manipulateur type III dont l'objectif premier est de détruire ce que nous sommes ou ce que nous faisons.
- Pour ne plus se laisser faire et utiliser les outils correspondants au problème, il est essentiel de bien repérer le type de manipulateur dont on est victime sans le confondre avec un autre. Chaque maladie a son remède, mais prendre des médicaments sans prescription précise s'avère bien souvent pire que le mal.

Chapitre 2
Reconnaître un manipulateur

Comment reconnaît-on un manipulateur ?

On pourrait penser que les manipulateurs sont faciles à reconnaître et que leurs actes suffisent à les démasquer. Malheureusement les choses ne sont pas aussi simples. Si la manipulation est facile à repérer chez les autres, il est en effet beaucoup moins évident de s'en rendre compte lorsqu'on en est soi-même victime. Il suffit d'ailleurs de faire un petit effort de mémoire pour constater qu'il faut souvent un certain temps avant de réaliser qu'on a été manipulé.

Quelle que soit l'intention qui le guide, le manipulateur est habile à cacher ses manœuvres. Qu'il soit de type II ou de type III, il mêle le vrai et le faux, la sincérité et la duplicité, la spontanéité et le calcul. Ses attitudes et son comportement sont souvent difficilement perceptibles pour un œil non averti ; il sait s'entourer de suffisamment de mystère pour tromper le monde.

En décrivant les comportements et les attitudes les plus communes aux différents types de manipulation ce chapitre veut amener le lecteur à devenir beaucoup plus attentif au moindre signal de danger. Sans tomber dans la paranoïa et voir des manipulateurs partout, **l'objectif est d'acquérir suffisamment d'informations pour ne plus se faire duper** en restant sourd et aveugle face à des symptômes évidents.

La détection de l'un ou de l'autre de ces symptômes devrait suffire à alerter notre attention et à éveiller notre méfiance. **Mais il faut cependant faire attention à ne pas tomber dans l'excès inverse** en accusant n'importe qui. Quelqu'un de sain peut parfois adopter un comportement manipulatoire ; cela n'en fait pas pour autant une personne dangereuse.

Un véritable manipulateur se distingue par son intention ainsi que par l'usage constant et régulier qu'il fait de l'un ou de l'autre des comportements que nous allons décrire.

Le reconnaître à sa façon particulière de communiquer

Il parle de manière détournée

Il n'affirme jamais rien de façon catégorique, mais il est très habile pour parler de ce qui ne va pas et pour semer le doute dans l'esprit de ceux qui l'écoutent.

Ainsi, cette femme à l'air très sympathique et ne dit jamais directement du mal de qui que ce soit. Pourtant elle est très habile à laisser sous-entendre ce qu'elle veut, ne disant jamais clairement ce qui se passe ou dissimulant l'essentiel de son discours sous des propos mielleux.

« Vous savez, je suis allée voir ma nièce et son mari dans leur nouvelle maison. C'est vraiment un beau pavillon, mais il y a beaucoup de travail à faire. Ma nièce se plaint un peu car les travaux n'avancent pas beaucoup. Au fait, je n'ai pas pu voir son mari car il faisait la sieste et il ne fallait pas le déranger. C'est dommage, car il est adorable. Il a de l'or dans les mains et veut tout faire par lui-même, mais pour réussir, il faut se lever tôt... »

Un *bon* manipulateur diffuse les rumeurs ou véhicule les pires calomnies de façon naturelle et sans jamais « avoir l'air d'y toucher ». Il est difficile, dans ces conditions, d'imaginer qu'il puisse en être l'auteur.

Il adore les commérages

Alors qu'il néglige généralement de transmettre les bonnes nouvelles, le manipulateur retient toutes les mauvaises qui passent à sa portée ; il les amplifie avant de les transmettre à d'autres, avec délectation.

2. Reconnaître un manipulateur

Denise parle à ses amies d'un ancien collègue qu'elles ont connu et qu'elle a croisé par hasard : « Maintenant il paraît qu'il gagne bien plus que nous, mais il est toujours en déplacement et ne voit plus sa famille. Si vous voulez mon avis, son mariage ne va pas durer bien longtemps, on ne peut pas être à la fois au four et au moulin... Enfin, c'est ce que tout le monde dit ! »

Il exprime clairement ce que l'on tait d'ordinaire

Il fait ainsi passer des messages sous couvert de la franchise, en feignant la naïveté ou l'inattention. « Oh excusez-moi, j'ai encore gaffé. Je suis vraiment désolée... », dira par exemple cette manipulatrice pour dissimuler le mal qu'elle vient de faire en lâchant, apparemment par inadvertance, ce qu'elle aurait dû taire.

Il n'assume ni ses paroles, ni ses actes

Le manipulateur n'est jamais en position de se sentir responsable. Si l'on tente de le démasquer, en l'accusant ouvertement de dire du mal de quelqu'un ou de transformer ses remarques insidieuses en affirmations précises, il s'indigne immédiatement et peut contre-attaquer.

« J'ai vu Jean l'autre jour. Vous savez, il paraît qu'il a de gros problèmes avec sa femme. On m'a dit qu'elle se plaignait d'être étouffée et de ne rien pouvoir faire toute seule. Moi je trouve qu'il est adorable et qu'elle a bien de la chance d'avoir un mari comme ça.

— Vous pensez qu'il est trop jaloux ?

— Comment pouvez-vous dire une chose pareille, je n'ai jamais dit cela ! Vous avez l'esprit vraiment mal tourné pour me prêter de telles intentions. Ah les

gens sont vraiment mauvaises langues ! Si on les écoutait, ils feraient se battre des montagnes. »

En retournant les questions et en s'appuyant sur des principes généraux (inventés pour l'occasion) ou sur des proverbes, le manipulateur atteint son but sans se démasquer. À l'entendre il n'affirme rien et ne fait que répéter ce que disent la rumeur publique ou le bon sens.

Il n'évoque que des généralités

Le manipulateur est un spécialiste de la désinformation qui a l'habitude de maquiller ses commérages en les dissimulant : « On dit que… Il paraît que… Tout le monde sait bien que… ». Ainsi peut-il faire croire qu'il ne fait que répéter ce que tout le monde sait ou devrait savoir. Cette façon de ne jamais dire je, donne plus de poids et de (fausse) véracité à ses propos.

Généraliser une information la rend plus solide, plus crédible et surtout orpheline car celui qui la reçoit ne pense pas à la mettre en doute et oublie d'où il tient cette nouvelle. C'est ainsi que naissent les rumeurs dont on ne sait plus l'origine.

Jean est un représentant en portes blindées. Il est aussi un manipulateur de type II qui réussit très bien professionnellement car il sait suffisamment inquiéter les personnes qu'il visite en affirmant des généralités invérifiables : « Tout le monde sait bien que nous ne sommes plus en sécurité, de nos jours… Personne ne peut se croire à l'abri des cambriolages… Vous avez dû remarquer, vous aussi, qu'il y a de plus en plus d'agressions autour de vous… » Après avoir instauré un climat de peur, il est très facile à Jean de proposer ses produits et de gagner un nouveau client qui le remerciera bientôt de l'avoir si bien protégé.

Il ne sait pas écouter

Il ne s'intéresse qu'à lui. Il peut vous parler de ses problèmes pendant des heures sans que vous puissiez placer un mot ou vous débarrasser de lui. Il est également capable de prêcher le faux pour savoir le vrai et endort ses victimes sous un flot ininterrompu de paroles.

Léa travaille dans une grande administration et elle a une manière bien à elle pour obtenir des renseignements sans jamais poser de questions directes. Ainsi, à chaque fois qu'elle voit une tête nouvelle, elle affirme avec une grande assurance : « Alors c'est vous le nouveau comptable ! » L'autre se justifie alors immédiatement et rétablit la vérité en lui disant : « Oh non, je viens d'être embauché au service informatique ». Ensuite Léa commence son entreprise de manipulation, en déformant l'information qu'elle transmet ainsi : « Il paraît qu'ils ont encore embauché un nouveau au service informatique. Ce sont toujours les mêmes qui bénéficient de personnel supplémentaire. Nous, c'est toujours pareil, il faut qu'on se débrouille et qu'on fasse toujours plus avec moins de monde. »

Il n'apprécie pas ce qui est clair et simple

Dans son désir de montrer qu'il sait tout sur tout, le manipulateur s'éparpille sans rien approfondir. Il ne prend aucune décision. Par contre, il sait très bien critiquer ce que font les autres et mettre le doigt sur les dysfonctionnements.

Thierry est ainsi fait, que ce soit dans son travail ou en famille, il ne propose jamais rien d'original et attend que les autres se soient engagés pour chercher ce qui ne va pas, adresser des commentaires ou se lancer dans la critique. Sur la route, lorsque c'est « elle » qui conduit, il n'arrête pas de lui faire des remarques : « Fais attention ! Accélère, tu n'arriveras jamais à le doubler...

Surveille ton rétroviseur… Ne roule pas si prêt ! » Si elle choisit de prendre une route et qu'ils tombent sur un embouteillage, il lui reprochera son choix en lui disant : « Je n'ai rien voulu dire pour ne pas faire d'histoire, mais moi, je n'aurais jamais pris cette route car tout le monde sait bien qu'il ne faut pas passer par là. Et puis, si j'avais donné mon avis tu aurais fait le contraire. »

À retenir

Un manipulateur est très habile pour parler de ce qui ne va pas et pour semer le doute dans l'esprit des autres. Il ne parle que par généralités ; il suggère des rumeurs ou véhicule des calomnies (sans jamais avoir l'air d'y toucher) ; il ne sait pas écouter et n'assume pas la responsabilité de ses paroles ou de ses actes. Enfin, il prêche le faux pour savoir le vrai et préfère ce qui est « tarabiscoté » à ce qui est clair et simple.

Le reconnaître au type de relation qu'il entretient avec autrui

Le manipulateur dévalorise et rabaisse

Quoi que l'on fasse, ce n'est jamais assez bien. Il connaît ou fait mieux que les autres ; il ne fait aucun compliment, mais trouve toujours le petit détail qui lui permet de dire que ce n'est pas parfait.

Le manipulateur détruit souvent de manière insidieuse et ne peut s'empêcher de critiquer. Il aimerait tout contrôler, mais comme il ne peut pas y arriver, il montre sa puissance en pointant la faiblesse ou les erreurs des autres. Si l'on est fier de ce que l'on a accompli, il trouvera un prétexte pour nous rabaisser et nous dévaloriser. Lorsqu'un parent adopte ce type de comportement avec son enfant (ou un chef avec son employé), il détruit, et pour longtemps, le capital confiance de sa victime.

Il a suffi de quelques mois à Jeanne, une secrétaire confirmée pour perdre confiance en elle à force d'être critiquée et rabaissée par un chef brouillon, qui se contredisait sans vergogne pour mieux lui reprocher les erreurs qu'il commettait lui-même.

Hélène ne parle jamais la première et attend que ses collègues fassent des propositions pour ensuite critiquer ce qui est proposé. Elle relève la moindre faute ou le plus petit dysfonctionnement, mais elle le fait avec tellement de justesse que tout le monde pense qu'elle est utile au groupe. Avec le temps, ses collègues finissent par douter d'eux-mêmes et de leurs compétences sans se rendre compte qu'ils sont victimes d'une manipulation.

Voici comment une mère « encourage » son fils, de retour de sa première leçon de clarinette : « Tu te donnes bien du mal, ce n'est pas facile, mais c'était mieux hier ». Puis, s'adressant à son mari, elle ajoute : « Je suis sûre qu'il va y arriver, il fait beaucoup d'efforts, mais c'était mieux hier... ». Écœuré d'être systématiquement critiqué pour ses fausses notes et de ne jamais recevoir de compliments pour les progrès réalisés, il décidera rapidement d'arrêter la musique.

Le manipulateur ne s'intéresse pas aux autres

Par contre, ce qui lui arrive est d'une gravité, d'une importance extrême et mérite l'attention de tous.

Lorsque le manipulateur, dans son cadre familial est préoccupé par un problème quelconque, toute sa famille doit se mettre au diapason de son état émotionnel. Femme, mari ou enfants savent qu'il faut devenir transparent pour ne pas attirer sa colère. Mais chacun sait aussi que le manipulateur finit toujours par trouver un prétexte pour décharger sa fureur.

C'est un écraseur d'ego qui sait tout mieux que tout le monde. Il a toujours une aventure, une histoire ou une anecdote plus impressionnante que la vôtre pour vous amener à penser que vous êtes petit, minable ou sans intérêt.

Il est entouré de gens qui vivent dans la peur, la crainte et l'échec

Au travail, entre amis ou en famille on apprécie de vivre dans une ambiance agréable. Bien sûr, il arrive qu'il y ait des conflits, des cris et des disputes, mais globalement les gens savent se parler, ils ont confiance les uns envers les autres et se sentent libres de vivre et d'entreprendre.

Lorsqu'il y a manipulation, l'ambiance est lourde et les gens n'osent plus se parler ; les visages se ferment et les gens s'isolent dans leur souffrance. Les enseignants savent que lorsqu'un enfant s'isole, se renferme sur lui-même, ne participe plus à la classe et communique difficilement, c'est le signe qu'il se passe quelque chose de grave (généralement lié à la maltraitance).

Dans le monde du travail, on peut être certain de la présence d'un manipulateur à partir de certains symptômes particuliers :

- les gens vont mal ;
- l'atmosphère est lourde et pesante ;
- il y a beaucoup d'absentéisme et d'arrêts maladie ;
- les nouveaux ne restent pas et les anciens cherchent à partir ;
- il y a beaucoup de rumeurs et de commérages ;
- les gens se surveillent, se jalousent et s'accusent mutuellement ;
- on ressent plus ou moins fortement un manque de direction ;
- les décisions semblent être prises au coup par coup ;
- les promesses ne sont pas tenues ;
- des clans se forment et s'affrontent ;
- les résultats baissent ou restent désespérément faibles ;
- le personnel est démotivé et ne croit plus à rien ;
- les projets aboutissent rarement ou difficilement ;
- il semble impossible de pouvoir redresser la barre…

Il sème la pagaille et la zizanie

Pour imposer son pouvoir, son savoir ou ses connaissances, le manipulateur supprime ce qui marche bien et impose des choses complexes et « tarabiscotées » qui fonctionnent mal ou qui perturbent grandement l'activité de tous. Il investit son énergie dans de vaines entreprises et il dispense couramment des reproches injustifiés. Il donne son avis sur tout et fait douter les autres en affirmant des « âneries » avec le plus grand aplomb.

Plus sournoisement, le manipulateur mise sur l'ignorance ou le manque d'expérience des autres pour mieux asseoir sa supériorité, grâce à ce type de remarques : « Tu verras quand tu auras mon âge... Ce n'est pas aux vieux singes qu'on apprend à faire la grimace... Quand tu auras fait tes preuves, tu pourras parler... »

Henri appartient à cette catégorie de personnages. À peine arrivé dans son nouveau poste, il commence par supprimer tout ce qu'avait accompli son prédécesseur et instaure des règles compliquées qui n'ont pas d'autres raisons d'être que celle de marquer son pouvoir. Il considère n'importe quelle remarque ou commentaire comme une attaque personnelle. Pour conserver son autorité, il divise pour régner. Ainsi, lorsqu'il est seul avec Paul, il critique ce que fait Pierre qui est en place depuis 12 ans. Dès qu'il est avec Pierre, il laisse entendre à ce dernier ce qu'il pense de Paul qui vient de sortir de l'école. Ensuite, il les laisse se déchirer.

À retenir

Un manipulateur aime diminuer, rabaisser, critiquer les autres qui généralement vivent dans la crainte et dans l'échec ; il sème la pagaille et la zizanie et ne s'intéresse qu'à lui. Tout cela implique qu'il vive entouré de gens tristes, inquiets ou en mauvaise santé.

Le reconnaître à sa morale et à son éthique

Il est menteur, tricheur et malhonnête

Mais il le fait avec tellement d'aplomb et de naturel qu'on a du mal à y croire. Il est capable de se contredire ou de désavouer ce qu'il vient d'affirmer quelques minutes auparavant. Il utilise également l'art de la calomnie avec une rare maestria.

Pour accuser un chef de service dont il ne supportait pas la compétence, ce directeur d'hôpital disait, au sein même du conseil d'administration, que cette personne avait commis un nombre incalculable de fautes professionnelles sans jamais, et pour cause, en citer une seule. Sa perversité était tellement ressentie par tous que jamais personne n'a osé lui demander de citer ses preuves. La peur qui régnait était telle que chacun ne pensait qu'à se protéger et que personne n'a jamais osé le défier ou simplement le contredire.

Même en jouant aux cartes, Rémi avait horreur de perdre et à chaque fois que cela arrivait, il accusait sa femme de mal jouer en rappelant la chronologie des plis avec la plus grande mauvaise foi, même (et surtout) s'il était à l'origine de la faute.

Un autre manipulateur qualifiait les jeux de carte d'occupations intelligentes lorsqu'il gagnait et de jeux de hasard lorsqu'il perdait.

Ce père devenait tellement désagréable lorsqu'il perdait, que ses enfants trichaient pour le laisser gagner.

2. Reconnaître un manipulateur

Il abuse de son autorité

Le manipulateur a beaucoup de mal à respecter les règles qu'il impose lui-même aux autres. En sa qualité de chef, il impose à ses collaborateurs des procédures qu'il ne les respecte pas pour lui-même. Plus grave encore ! Certains abusent de leur autorité à des fins perverses comme certains prêtres, enseignants ou éducateurs accusés de pédophilie. Ceux-là sont de véritables manipula*tueurs*.

Il est entêté

Son expérience est la seule valable et ses jugements sont sans appel. Toujours débordé, il se dit surchargé de travail, mais en y regardant de plus près, on constate que son incompétence, son manque d'organisation et son désir de tout contrôler (en refusant de déléguer) le font se noyer dans un verre d'eau.

Ce chef de service en milieu hospitalier avait imposé un nouveau roulement des heures de présence sans jamais consulter le personnel. Il refusait toute discussion et avait pour doctrine de répondre systématiquement non à tout ce qu'on lui demandait. Pour lui : « C'est ainsi que l'on montre qu'on est un chef, sinon on se laisse mener par le personnel et l'on perd son autorité ! ». En quelques semaines, son service a atteint un taux record d'absentéisme. Face à cette situation complexe, et au lieu de remettre en cause sa manière de faire, il a imposé encore plus fermement les décisions qu'il prenait arbitrairement dans la solitude de son bureau.

Lorsque quelque chose ne va pas, une personne normale prend du recul pour analyser la situation et chercher une solution. À l'inverse, le manipulateur se révèle incapable de reconnaître ses erreurs et de changer de stratégie. C'est ce qui explique que, lorsqu'il rencontre une difficulté, il accuse toujours les autres de ce qui arrive et qu'il refait ensuite, mais à plus grande échelle, les mêmes erreurs qui l'ont mené dans l'impasse où il se trouve.

Il refuse d'avouer ses torts et se révèle incapable de changer

D'une certaine manière, le manipulateur est dans la toute puissance. En agissant de manière dissimulée, il se croit à l'abri et en position de tout contrôler. Aussi longtemps que personne ne se doutera de ce qu'il fait, il pourra continuer à tenir les autres sous sa coupe.

Il ne peut pas tolérer qu'on aide ceux qu'il cherche à affaiblir, et encore moins admettre de se remettre en question. En vertu du vieux principe selon lequel « Les amis de mes ennemis sont mes ennemis », il veut que ses victimes restent faibles et s'attaquera à ceux qui cherchent à les aider.

Pour le manipulateur, l'aide n'est rien d'autre qu'un moyen de mieux manipuler autrui. C'est pour cela qu'il interprète toute tentative pour l'aider comme une attaque personnelle visant à le manipuler. Ne sachant que manipuler les autres et ne voulant surtout pas l'être lui-même, il ne peut pas accepter d'avoir tort et par voie de conséquence sera incapable de changer quoi que ce soit dans ses manières de faire et d'être. Seule une personne équilibrée est capable de reconnaître ses erreurs et de changer sincèrement d'attitude lorsque cela s'avère nécessaire. Malheureusement le manipulateur en est incapable.

À retenir

Le manipulateur est menteur tricheur et malhonnête. Il ne respecte pas ses propres règles et se butte facilement. Il ne reconnaît aucune erreur, refuse d'avoir tort ou de se faire aider et se révèle incapable de changer.

Le reconnaître à sa manière d'utiliser le pouvoir

Il est obsédé par le besoin de tout contrôler

Un individu sensé et bien équilibré exerce un bon contrôle sur lui-même, sur sa famille, son entourage ou sur son travail. Il est de plus tout à fait capable de recevoir des ordres. À l'inverse, un manipulateur a beaucoup de mal à se soumettre aux contraintes (ne serait-ce que d'arriver à l'heure).

Deborah décrit son ancien compagnon de la manière suivante : « Il fallait qu'il embête tout le temps quelqu'un. Durant les réunions de famille, il s'attaquait aux enfants et les "chahutait" jusqu'à les faire pleurer. Ensuite, il riait en disant qu'il voulait simplement blaguer. Lorsqu'il n'avait personne sous la main, il me coinçait et s'amusait à me chatouiller jusqu'à ce que je n'en puisse plus. Un jour, je lui ai fait très mal en me débattant et ça l'a mis dans une telle colère que là, il m'a vraiment battue. C'est à partir de là que j'ai décidé de partir. »

Il utilise son pouvoir pour détruire ce qui fonctionne

Dès qu'il a un peu d'autorité, le manipulateur l'exerce de façon tyrannique et abusive. Un fait caractéristique est qu'il aime à s'entourer d'incompétents. Cela peut sembler bizarre, mais il n'agit pas ainsi sans raison. En récompensant ceux qui travaillent mal, il s'assure des alliés qui lui sont très dévoués car sans lui, ils ne seraient plus rien. De plus, il peut utiliser ces gens comme de fusibles qu'il fera sauter à loisir, dès qu'un problème risquera de le menacer ou de le mettre directement en cause.

Le réseau d'incompétence et de dépendance qu'il crée autour de lui forme un rempart derrière lequel il se dissimule pour continuer à manipuler en toute impunité. Il peut ainsi détruire un service, une entreprise ou une administration sans que personne ne s'en rende compte car quoi qu'il arrive, ce n'est jamais de sa faute et toujours celle des autres !

Un autre résultat classique de cette manière de faire est que les meilleurs sont écœurés par un tel mode de fonctionnement. Ils partent ou demandent à partir lorsqu'ils réalisent l'inutilité de leurs efforts et dès qu'ils comprennent que leurs compétences les desservent. Cette sélection à rebours convient tout à fait au manipulateur et signe sa présence car la compétence représente pour lui une véritable menace (au regard de sa propre incompétence et de celle de ses protégés).

Il abuse de son pouvoir

Lorsqu'un manipulateur est autoritaire c'est parce qu'il est inefficace ou incompétent. On peut observer que lorsqu'il demande un avis, c'est bien souvent parce qu'il n'en a pas. De la même manière, il est très habile pour s'accaparer le travail ou les idées des autres, en mettant par exemple sa signature au bas des projets qu'il a commandés.

Dans des conditions normales de travail, il est naturel qu'un responsable bénéficie du travail de ses collaborateurs. Mais s'il veut continuer à faire tourner son service ou son entreprise, il devra savoir récompenser leurs efforts. Par contre, il est anormal et malsain qu'il leur vole leur travail en se l'appropriant indûment.

Il utilise son pouvoir légitime pour harceler ou asservir

Qu'il s'agisse d'autorité hiérarchique ou d'autorité parentale, dès qu'un manipulateur a un peu de pouvoir, il va s'en servir pour dominer les autres. On pourrait ainsi donner mille et un exemples d'abus de pouvoir. Parmi ceux-ci, il y a l'enseignant qui prend un élève en grippe et qui le ridiculise à peu de frais devant toute la classe. Cela fait rire les autres qui ne se rendent pas compte de la gravité qu'il y a, pour un enfant, à subir de telles vexations de la part de quelqu'un qui incarne l'autorité et le savoir. Bien des échecs scolaires trouvent leurs racines dans ce genre de situations.

- Le parent manipulateur semble toujours agir par amour ou au nom de la sécurité des siens mais en réalité, il prive l'enfant de toute vraie possibilité d'accéder à l'indépendance pour le garder plus sûrement auprès de lui. Il peut aussi considérer que les désirs d'autonomie de l'adolescent sont illégitimes.

Lorsque Thomas demande à ses parents l'autorisation de partir un week-end chez des amis, sa mère lui répond : « Et nous alors, qu'est-ce que l'on va faire, on a besoin de toi ? » Pour les mêmes raisons, lorsqu'il en aura l'âge et toujours pour le protéger, on l'empêchera de faire des petits boulots qui auraient pu lui permettre de se faire un peu d'argent de poche et d'acquérir ainsi un peu d'autonomie. S'il manifeste un intérêt politique, intellectuel ou religieux différent de celui de ses parents on lui dira : « Tous les jeunes disent ça, c'est de ton âge, mais tu réaliseras plus tard que nous avions raison. »

- Dans le monde du travail, les exemples de manipulation par le pouvoir sont monnaie courante. Il semblerait même que, dès qu'une personne a un peu de pouvoir, elle s'en serve pour dominer ou écraser les autres. Heureusement, il y a des personnes qui agissent avec le sens de l'éthique et cela les porte à ne pas se considérer comme supérieurs mais, au contraire, à penser que le rôle d'un responsable est (comme son nom l'indique) d'apporter des « réponses ».

Une femme, chef de service était très attachée à la motivation ainsi qu'à l'état d'esprit du personnel de son unité. Régulièrement, les objectifs étaient atteints et le personnel très satisfait de la considération et de l'attention dont ils faisaient l'objet. Au lieu de se féliciter de ces résultats, le supérieur direct de ce chef de service a pris ombrage de cette réussite et a entrepris de détruire systématiquement le travail que cette femme avait mis des années à effectuer. À coups d'ordres contradictoires et de décisions arbitraires, il a vidé le service de sa substance et a réparti une grande partie du personnel dans d'autres services. En prétextant des fautes imaginaires et infondées, il retira toutes ses responsabilités à la chef de service pour les donner à ses subalternes.

Privée de téléphone et d'ordinateur et n'ayant plus ni personnel à encadrer ni de réel travail à effectuer, la chef de service alla voir le directeur général qui l'écouta faire la liste de ses doléances avant de lui demander :

« De quelle couleur sont les murs de mon bureau ?

— Blancs.

— Eh bien moi je vous dis qu'ils sont noirs, et vous devez comprendre que si votre chef dit qu'ils sont noirs, c'est qu'ils le sont. C'est comme ça ! Vous pouvez essayer de porter plainte, mais vous serez écrasée. Vous n'êtes pas de force à lutter contre une administration. C'est le pot de terre contre le pot de fer. »

Le manipulateur est habile à retourner les situations à son avantage

Si jamais on le suspecte, il se pose en victime et accuse les autres de lui faire ouvertement ce qu'il tentait de leur faire subir de façon sournoise. Si on l'accuse (à juste titre) de favoriser des rumeurs ou de monter les gens les uns contre les autres, il s'indigne et accuse les autres de vouloir comploter contre lui. Cette manière de procéder est d'ailleurs un signe évident de la présence active d'un manipulateur.

Si vous lui prêtez quelque chose, qu'il s'agisse d'un livre, d'un meuble, d'une voiture, voire d'un appartement, vous aurez beaucoup de mal à le récupérer. Si après de nombreuses demandes formulées en vain, vous commencez à vous impatienter, il finira par vous accuser de le persécuter. Il n'est pas impossible qu'il aille même jusqu'à faire un procès à son bienfaiteur lorsque celui-ci veut simplement récupérer le bien ou l'argent qui lui appartient.

Les sectes sont également très habiles à retourner les attaques qu'elles subissent en considérant qu'il s'agit de persécution. Cela leur permet d'endosser le rôle de victime et d'affirmer qu'elles sont dans leur bon droit. Les autres deviennent alors des ignorants ou des ennemis. Dans ces conditions, toute attaque dirigée contre une secte représente, pour ses membres, la preuve qu'ils ont raison. La stratégie est la même pour un individu manipulateur.

À retenir

Le manipulateur a un besoin obsédant de tout contrôler. Il use ou abuse de son pouvoir pour détruire ce qui marche, asservir les autres ou les harceler. Il sait habilement retourner les situations à son avantage.

Le reconnaître à son environnement

Il n'est pas toujours facile de distinguer un manipulateur au premier coup d'œil. Il n'a pas de cornes sur la tête, ni de fourche à la main. Par contre, ses manœuvres génèrent des signes qui marquent aussi sûrement sa présence que la chute des feuilles annonce l'arrivée de l'automne.

Il épuise l'énergie de ceux qui évoluent à son contact

Il suffit parfois de rester quelques instants avec ce genre de personnage pour se sentir ensuite complètement vidé, fatigué, lourd ou sans ressort. Ce symptôme d'épuisement est à la fois très utile et délicat à repérer car on ne fait généralement pas le lien entre l'état de fatigue qu'on ressent et la personne que l'on vient de rencontrer. Il ne faut pas croire qu'il faut nécessairement passer de longs mois avec un manipulateur pour se sentir déprimé ou découragé. Le temps ne fait rien à l'affaire. Il suffit souvent de « le » côtoyer quelques instants, lors d'une réunion, à l'occasion d'un repas de famille ou durant un entretien professionnel, pour se sentir ensuite bizarrement troublé, confus, fatigué.

Sa présence, son attitude ou sa conversation nous font douter. On ne réalise plus très bien où l'on en est et l'on s'interroge sans trouver de réponse. En un mot, on s'affaiblit, ce qui est la preuve que l'on vient de croiser un manipulateur qui, par sa conversation ou ses manières de faire, embrouille son monde et le vide de son énergie.

La prochaine fois que vous vous sentirez ainsi, inexplicablement épuisé, cherchez qui vous venez de côtoyer juste avant d'être plongé dans cet état. À coup sûr, vous allez découvrir un manipulateur.

Le moral de son entourage fait du « yo-yo »

Il est deux heures du matin et Jérôme ne dort toujours pas ; il s'agite, se retourne sans cesse, reste tranquille quelques instants puis, exaspéré il allume la lumière et s'assied sur son lit en se demandant pourquoi il ne parvient pas à s'endormir. Il réfléchit, ferme les yeux et commence à projeter le film de sa journée sur l'écran de ses paupières.

Tout avait bien commencé. Il avait reçu un gentil message de sa petite amie, auquel il s'était empressé de répondre par texto. Ensuite, il y avait eu cet entretien avec son chef de labo qui l'avait félicité pour son nouveau projet. Le reste du temps, il avait travaillé à expédier les affaires courantes, avant de se rendre au restaurant où il avait rendez-vous avec son père.

En début d'après-midi, de retour à son bureau, il avait eu du mal à garder les yeux ouverts et se sentait inhabituellement lourd et fatigué. Il songea qu'il devait s'agir de quelques difficultés passagères liées à la digestion d'un repas trop copieux. En poursuivant malgré tout son travail, il effaça irrémédiablement un dossier important sur son ordinateur ; il s'en agaça, passa le reste de la journée à tenter de récupérer des données qu'il n'arrivait plus à trouver et rentra plus tôt que d'habitude pour se reposer. Et voilà que maintenant il ne trouvait pas le sommeil et pensait : « On dirait que c'est toujours comme ça, dès que quelque chose réussit, il faut que je le paie ensuite en ayant un problème ou en me sentant mal. »

En pensant cela, Jérôme n'était pas loin de la vérité. Mais la cause de sa brusque et inexplicable fatigue (ainsi que les erreurs qui s'en étaient suivies) n'était pas ce qu'il avait mangé, mais bien le personnage avec lequel il avait mangé.

Pour gagner l'approbation et la reconnaissance de son père, Jérôme lui avait parlé de son projet. Son père lui avait alors répondu : « C'est bien, mais tu ne fais que ton travail. Tu es payé pour ça et il n'y a pas motif à s'en vanter. Tiens, moi quand je travaillais, j'ai découvert comment réduire le temps de vérification des pièces, en conservant la même qualité de travail. À ce moment, au moins, j'avais touché une sérieuse prime. Mais c'est bien, tu fais du bon travail ! Il faut simplement que tu continues à faire des efforts. D'ailleurs ton projet me rappelle celui que j'ai exécuté quand j'étais chez... Je vais t'expliquer... » S'en suit alors un interminable discours du père sur ses exploits passés.

Un témoin de cette conversation aurait pu penser que le père approuvait son fils et cherchait à lui donner des conseils. Mais en réalité, tout le discours du père avait pour but de minimiser la réussite de Jérôme et de diminuer la valeur de ses efforts.

Depuis son enfance, Jérôme avait subi l'influence néfaste d'un père qui voulait prouver sa supériorité en empêchant son fils de le dépasser, tout en l'invitant à le faire. Dans ces conditions, il n'y a rien d'étonnant à ce que Jérôme s'empêche de réussir ou s'attire toujours des problèmes dès qu'il commence à y parvenir.

Le message inconscient du père est toujours là, dans sa tête, qui lui dit : « Cherche à me dépasser, mais tu ne pourras pas y arriver. »

Une certaine tension est toujours présente

En sa présence, on se sent contraint d'adopter des attitudes qui ne nous conviennent pas. Mais à l'inverse, dès qu'il n'est plus là, on se sent beaucoup plus libre.

Ce n'est qu'une fois seule, en vacances avec son jeune fils, qu'Edwige l'entendit rire à gorge déployée. C'était la première fois qu'ils se laissaient aller à jouer ensemble comme des fous. Ce fut un choc pour elle car elle réalisa que cela n'arrivait jamais en présence de son mari : « Je ne m'étais jamais rendu compte, jusqu'à ce jour, combien sa présence était intimidante et nous empêchait de nous amuser naturellement, comme une mère le fait avec son enfant. Lorsque mon mari est là, il faut toujours être sérieux. C'est sinistre ! »

Dans certains bureaux ou ateliers, on peut remarquer que l'ambiance devient subitement beaucoup plus détendue dès qu'une personne précise s'absente ou part en congé. Si notre moral évolue en dents-de-scie, avec des baisses et des remontées inexplicables de tonus ou de joie de vivre c'est que, d'une manière ou d'une autre, nous sommes en relation avec un manipulateur. Les variations brutales de moral (avec de soudains moments de dépression suivis, à plus ou moins long terme, de remontées euphoriques précédant un prochain effondrement), sont des symptômes évidents de harcèlement ou de manipulation type III.

Il peut détruire en prétendant aider

C'est le cas des **groupes**, des **clubs** ou des **sectes** qui font croire à leurs adhérents qu'il n'y a plus d'espoir hors du groupe d'élus auquel ils appartiennent.

Lorsque certains missionnaires du XIXe siècle arrivaient dans un village ou étaient en présence d'une peuplade à convertir, ils commençaient par détruire tous les éléments de culture indigène pour mieux imposer la leur. Un peu plus tard et de la même manière, certains instituteurs ont réussi à imposer la langue française en punissant les enfants qui parlaient le breton, le basque ou le kabyle à l'école. Ils les obligeaient à porter un sabot ou un clou rouillé attaché autour du cou lorsqu'ils se laissaient aller à parler leur langue maternelle à l'école.

2. Reconnaître un manipulateur

Claude est chef de service ; il assume également la responsabilité de la formation continue du personnel. Régulièrement, il reçoit les employées et aborde, à chaque entretien, un sujet technique particulier. Dans la semaine qui suit cette formation, il masque sa voix et téléphone aux employés, en se faisant passer pour un client extérieur toujours très difficile à satisfaire. Ensuite, évoquant la prétendue plainte d'un client, il convoque les agents ayant formulé de mauvaises réponses et les agresse (en les traitant de tous les noms) jusqu'à les faire pleurer.

De la culpabilité dans l'air

Dans le sillage du manipulateur, on respire cet air vicié par la culpabilité ambiante. Ainsi, le manipulateur vit-il entouré de personnages (qu'il s'agisse des membres de sa famille ou de collègues de travail) habitués à évoluer « courbés » sous le poids de leur profond sentiment de culpabilité.

Ce dernier point est vraiment terrible car en plus d'avoir été manipulées, les victimes s'estiment responsables et, le plus souvent, coupables de ce qui leur arrive.

Le manipulateur culpabilise en donnant des conseils après coup : « Tu aurais dû t'en douter... Tu aurais dû faire plus attention... Tout le monde sait bien que... » Si un problème survient et même s'il est fautif, il s'arrangera pour que vous vous sentiez responsable. S'il donne une fessée à son fils ou s'il quitte sa femme, il dira : « C'est toi qui m'as obligé à le faire. » En réalité, son fils a peut-être fait une bêtise et son épouse a certainement des torts, mais le premier n'a jamais demandé à son père d'être violent et la seconde n'a jamais forcé son mari à prendre une maîtresse et à partir avec elle.

Le manipulateur culpabilise sa victime pour détourner ses soupçons et la rendre incapable de se défendre ou de riposter. C'est le cas de presque toutes les victimes d'inceste qui se sentent profondément coupables de ce qu'elles ont subi. Il y a également beaucoup de femmes battues qui se résignent à vivre un enfer parce qu'elles pensent, à tort, l'avoir mérité.

Ce sentiment de châtiment mérité est également présent chez presque toutes les victimes de viol, d'agression, d'accident ou de tournantes. Durant des années, elles cherchent à comprendre en quoi elles sont responsables de ce qui leur est arrivé. Parfois, il vaut mieux avoir une mauvaise réponse en se sentant coupable, que de demeurer dans l'ignorance et dans le doute. C'est sur cette ambiguïté que le manipulateur joue pour culpabiliser ses victimes.

Pour culpabiliser les autres et surtout pour ne pas se sentir coupable lui-même, le manipulateur exploite, de façon perverse, les idées généralement admises par la société. Ainsi, utilise-t-il une liste non exhaustive de lieux communs :

- *si ce n'est pas bien fait, c'est mal fait ;*
- *il faut être compétent en toutes circonstances ;*
- *les gens se plaignent, mais c'est souvent de leur faute ;*
- *entre amis, on peut tout se dire ;*
- *quand on te rend service, il faut savoir le rendre autrement ;*
- *il n'y a que les imbéciles qui ne changent pas d'avis ;*
- *qui aime bien châtie bien…*

Ce ne sont pas les expressions qui sont importantes, mais bien l'intention de celui qui les utilise.

Stéphane a réalisé le rêve de sa vie en achetant une petite librairie en province. Afin de l'aider, il fait venir une ancienne collègue. Au début, ils cohabitent dans l'euphorie de l'installation. Il y a tout à faire et le moral est au beau fixe. Rapidement, Stéphane est submergé par le doute et les inquiétudes qui l'assaillent. Il a l'impression qu'il n'y arrivera jamais et qu'il n'est pas à la hauteur.

Ce n'est que des années plus tard qu'il réalisa de quelle manière son ancienne collègue avait aggravé les problèmes et régulièrement saboté ses efforts pour ensuite l'encourager gentiment à trouver en lui-même ce qu'il avait bien pu rater.

C'est notamment parce que le manipulateur sait faire vibrer la corde sensible de notre culpabilité que nous n'osons pas lui refuser l'argent, le service, l'objet ou l'effort qu'il nous demande.

2. Reconnaître un manipulateur

À retenir

Le manipulateur épuise l'énergie de ceux qui le côtoient ou qui l'approchent. Il génère de la tension et les gens, dans son entourage, ont le moral qui monte et qui descend de façon incompréhensible. Il peut détruire quelqu'un en prétextant l'aider. Il agit de façon à ce que ses victimes se culpabilisent de ce qu'il leur fait subir.

L'essentiel de ce chapitre

- Une personne saine peut parfois adopter un comportement manipulatoire, mais elle ne le fera jamais de manière régulière ou systématique. **Un manipulateur se distingue par l'usage régulier et constant** qu'il fait de l'un ou l'autre **des comportements que nous venons de présenter** et dont voici le résumé.
- **On reconnaît un manipulateur à sa façon étonnante de communiquer.** Il aime parler de ce qui ne va pas et sème le doute dans l'esprit des autres. Il parle par généralités, suggère des rumeurs ou véhicule des calomnies sans jamais « avoir l'air d'y toucher ». Il prêche le faux pour savoir le vrai et n'assume pas la responsabilité de ses paroles ou de ses actes.
- **Un manipulateur se signale par la nature de ses relations avec les autres.** Il aime diminuer, rabaisser, critiquer les autres qui, généralement, vivent dans la crainte de l'échec. Il sème la pagaille et la zizanie et aime à s'entourer de gens tristes, inquiets ou en mauvaise santé.
- **Un manipulateur présente une morale et une éthique particulières.** Il est peu fiable et son sens moral est douteux. Il est menteur, tricheur, malhonnête et ne s'intéresse qu'à lui. Il ne respecte pas les règles qu'il édicte et se butte facilement. Il ne reconnaît aucune erreur, refuse d'admettre ses torts, de se faire aider et se révèle incapable de changer.
- **Le manipulateur a une manière spéciale d'utiliser le pouvoir.** Son autorité est destructrice. Il utilise son pouvoir de façon négative et perverse, pour détruire ce qui marche et asservir ou harceler les autres. Il a un besoin obsédant de tout contrôler. On n'arrive jamais à l'impressionner et il se révèle très habile pour retourner les situations à son avantage.

- **Le manipulateur crée un environnement caractéristique.** Une tension palpable règne autour de lui. Il dégage une énergie négative qui épuise et décourage ceux qui l'approchent. Le moral de ses proches fait du « yo-yo ». Il peut détruire en prétextant aider et fait en sorte que les autres se sentent coupables de ce qu'il leur fait subir.

Les principaux symptômes manipulatoires abordés dans ce chapitre sont regroupés dans le test de confiance présenté dans le chapitre suivant.

Chapitre 3
Le test de confiance

Pourquoi ce test ?

Face à certaines personnes, il nous arrive parfois d'être gênés, de douter ou d'éprouver une répulsion (plus ou moins soudaine) et inexpliquée. Bien souvent, on ne tient pas compte de ces signaux d'avertissements et l'on a tendance à les dédaigner, voire à se culpabiliser d'avoir eu de telles idées. On se fustige alors en se répétant :

- il ne faut pas voir le mal partout ;
- on ne juge pas quelqu'un tant qu'on ne le connaît pas ;
- il faut toujours faire confiance ;
- il ne faut pas être parano ;
- il n'est pas convenable d'avoir de telles pensées ;
- donnons-lui sa chance...

Aussi longtemps que nous avons la naïveté de voir et de penser l'autre à notre image, on laisse toutes libertés aux manipulateurs pour abuser de notre candeur. Nous sommes semblables au mouton qui pense que tous autres les animaux sont végétariens comme lui. Le jour où un loup se présente à la porte de la bergerie en clamant sa faim, le mouton lui ouvre la porte et l'invite à entrer pour partager son repas. Pour éviter de commettre ce type d'erreur, nous avons élaboré un test qui permet de mettre à jour la véritable personnalité de celui ou de celle que l'on ne parvient pas à cerner ou dont on doute de la sincérité. Il s'agit du **test de confiance qui permet de repérer un manipulateur sur la base de ses actes** et non en l'accusant à partir de jugements arbitraires, d'idées toutes faites ou de rumeurs.

Nous avons tous notre part d'ombre et notre part de lumière. Quand on tombe amoureux, on ne voit que ce qui nous attire chez l'autre : son sourire, son intelligence, ses yeux, son corps, sa voix, son sens de l'humour, etc. On ne prend en compte que les bons côtés de celui ou de celle qui nous attire. Mais quand on se sépare ou quand on divorce, on ne voit plus que ses mauvais côtés. On lui trouve alors toutes sortes de défauts et on l'accuse, souvent à tort, d'être la cause de tous nos ennuis.

Manipulation : ne vous laissez plus faire !

La réalité n'est pas toujours ce que l'on croit, personne n'est entièrement ange ou entièrement démon. C'est pour cette raison que chaque ligne du test de confiance est faite de deux questions mettant en évidence les bons et les mauvais côtés de celui ou de celle que nous soupçonnons de manipulation.

Une simple pièce de monnaie a toujours deux faces impossibles à voir en même temps. Quand on regarde le côté pile, on ne voit pas le côté face et si l'on reste dans l'indécision, on ne voit que la tranche de la pièce, ce qui ne nous donne aucun renseignement sur sa valeur.

Pour nous aider à nous départir du doute et à sortir de la confusion, chaque ligne du test de confiance attire alternativement notre attention sur le côté positif puis sur le côté négatif d'un même comportement. Après avoir répondu à toutes les questions et fait la différence entre les résultats positifs et les résultats négatifs, le résultat final révèle la fiabilité ou au contraire l'aspect plus ou moins manipulatoire de la personne ainsi évaluée.

Le test de confiance

Pour bien se défendre, il faut savoir qui nous attaque et comment on nous attaque.

		Communication		
Il est précis, clair et concis	☐	1	☐	Il tient des discours interminables et flous
Il s'oppose activement à la propagation des rumeurs	☐	2	☐	Il adore les commérages
Il ne s'attarde pas sur les mauvaises nouvelles	☐	3	☐	Il parle par généralités, c'est un expert en sous-entendus
Il transmet les communications sans les déformer	☐	4	☐	Il bloque les communications, prêche le faux pour savoir le vrai
Il est attentif aux problèmes des autres	☐	5	☐	Il sait tout et il est très difficile de l'impressionner

Il indique clairement l'origine de ses informations	☐	6	☐	Il utilise les autres pour faire passer ses messages
Il évite de blesser les personnes	☐	7	☐	Il dévalorise et rabaisse les autres
Il sait garder un secret et ne le trahira pas	☐	8	☐	Il ne tient pas ses promesses
Il reconnaît ses limites et cherche à les dépasser	☐	9	☐	Il ne peut envisager d'avoir tort et refuse de changer
Il est foncièrement honnête	☐	10	☐	Il est malhonnête et transgresse les règles
		Relationnel		
Il génère la bonne humeur autour de lui	☐	11	☐	Il s'entoure de personnes vivant dans la crainte et l'échec
Il met de l'ordre là où il se trouve	☐	12	☐	Il crée la suspicion et sème la zizanie
Il enrichit l'intelligence ou le savoir de son auditoire	☐	13	☐	Il affiche une assurance déconcertante ou écrase les autres
Il est la cible de ceux qui ont des choses à cacher	☐	14	☐	Il paraît inoffensif, voire très sympathique
Il sait facilement passer l'éponge	☐	15	☐	Il est très rancunier et ne pardonne rien
Il respecte le temps et les efforts des autres	☐	16	☐	Il attend le dernier moment pour agir ou demander
Il aime et favorise le travail en équipe	☐	17	☐	Il divise pour régner
Il apporte soutient et réconfort	☐	18	☐	Il peut détruire quelqu'un en prétextant l'aider
Il dynamise et donne envie de se dépasser	☐	19	☐	Il épuise les énergies de ceux qui l'approchent
Il valorise et encourage son entourage	☐	20	☐	Il est entouré de gens souvent malades ou absents

		Activité		
Il préfère les objectifs clairs et constructifs	☐	21	☐	Il privilégie ce qui est tarabiscoté et peu clair
Il gère efficacement son activité	☐	22	☐	Il sème la pagaille et dérange plus qu'il n'aide
Il travaille dans ce qu'il sait faire	☐	23	☐	Il s'éparpille sans approfondir
Il fait confiance aux gens qu'il connaît	☐	24	☐	Il est méfiant et traque la faute
Il apprécie de se faire aider quand il en a besoin	☐	25	☐	Il s'approprie les efforts des autres
Il a un grand sens moral et celui des responsabilités	☐	26	☐	Il se dit victime de l'incompétence des autres
Il respecte l'autorité sans servilité	☐	27	☐	Il cherche à se faire bien voir par sa hiérarchie
Il s'entoure de gens compétents	☐	28	☐	Il récompense les mauvais et décourage les meilleurs
Il félicite aussi vite et aussi bien qu'il sanctionne	☐	29	☐	Il ne sait que critiquer et sanctionner
Il responsabilise son entourage	☐	30	☐	Il fait en sorte que les gens se culpabilisent

Résultats positifs	...	...	Résultats négatifs
Résultats positifs – résultats négatifs = résultat obtenu.			

Comment utiliser le test de confiance ?

▶ Pour bien démêler la réalité des apparences il faut commencer par **lire les deux propositions de chaque ligne avant de cocher** celle qui correspond le mieux à votre idée. Cette alternative permet d'apporter des réponses correctement mesurées pour chaque ligne du test.

- **Il ne faut pas répondre à toutes les questions d'une colonne avant de passer à l'autre.** Cela nuirait à l'impartialité de notre jugement en ne faisant qu'amplifier les défauts de ceux qui nous agacent et enjoliver aveuglément la réalité de ceux que nous apprécions. Encore une fois, il est impératif d'évaluer les aspects positifs et négatifs de chaque comportement avant de passer au suivant.
- Il peut arriver que les **deux conduites d'une même ligne coexistent.** Dans ce cas, **on cochera à la fois le côté positif et le côté négatif.**
- Après avoir répondu à toutes les questions, **il suffit d'additionner les résultats de chaque colonne pour savoir de combien et de quel côté penche la balance** de cette personnalité. Le résultat sera positif si la personne est fiable et négatif si la personne se révèle être manipulatrice.
- Il est possible **d'affiner l'analyse** en étudiant de plus près la répartition des croix. Celle-ci permet de **voir si la personne est fiable ou manipulatrice** dans ce qu'elle dit (**communication**), dans ce qu'elle est (**relationnel**) ou dans ce qu'elle fait (**activité**). Par exemple une personne peut être très fiable dans ses activités mais manipulatrice dans sa communication.

Ainsi une personne très professionnelle communique de façon claire, nette et précise avec les clients. Mais quand elle est avec ses collègues, elle ne parle que par sous-entendus et aime à faire circuler des rumeurs pour monter les gens les uns contre les autres.

- Si vous n'arrivez pas à répondre aux questions du test de confiance, il y a de fortes chances pour que ce soit en raison de la confusion engendrée par le comportement du manipulateur qui change d'attitude selon les circonstances ou les situations dans lesquelles il se trouve. Pour étudier ces cas-là, pensez **à déterminer une zone précise d'analyse** avant de répondre aux questions du test et gardez en mémoire quelques exemples de zones suspectes : avec les clients, avec les collègues, quand on est seul avec lui, en famille, avec des amis...

Les résultats du test de confiance

Le résultat est négatif

De **00** à **– 5** : **Méfiance !** Il faut **continuer à surveiller cette personne** et surtout ne rien lui confier d'important avant d'obtenir des confirmations sur son attitude réelle et avant de savoir, avec certitude, dans quels domaines on peut lui faire confiance ou non.

De **-05** à **-10** : **Soyez vigilant !** Ce genre **d'individu** est actuellement **peu fiable.** Il est impératif de contrôler ce qu'il dit et ce qu'il fait dans un cadre rigoureux et précis. Dans la mesure du possible, il faut lui imposer des contraintes à la mesure de ses débordements.

De **-10** à **-15** : **Attention !** Il s'agit **certainement** d'un **manipulateur.** Il faut savoir lui dire non et ne pas vous laisser endormir par ses paroles. N'hésitez pas à lui demander des éclaircissements et à vérifier ses dires. Évitez de rester trop longtemps en sa présence

De **-15** à **-20** : **Danger !** À coup sûr, il s'agit d'un **manipulateur très dangereux.** Ne vous laissez pas impressionner par ses menaces ou ses promesses. Rassemblez des preuves écrites avant d'envisager de l'attaquer de front. Dans la mesure du possible, n'allez pas à sa rencontre ou ne restez pas en contact prolongé avec cette personne. Si cela est impossible, évitez de parler de sujets sensibles. Faites comme les Anglais, parlez exclusivement du temps qu'il fait et partez le plus vite possible.

De **-20** à **-30** : **Grand danger !** Ce genre de **manipulateur extrêmement destructeur et pervers** est **heureusement très rare** (Hitler, Staline, Saddam Hussein ou Marc Dutroux). S'il a un peu de pouvoir, il sera très difficile à abattre. Avant de faire quoi que ce soit, lisez très attentivement les deux derniers chapitres de cet ouvrage. En attendant, évitez-le sans le fuir. Si vous ne le pouvez, restez poli et mettez-vous rapidement hors de portée.

Le résultat est positif

De 0 à +5 : **Demeurez méfiant !** Il faut **continuer à surveiller** cette personne et surtout ne rien lui confier d'important avant d'avoir plus de certitudes et aussi de savoir où elle est fiable et où elle ne l'est pas.

De 5 à 10 : **Prudence !** Nous avons à faire ici à un **comportement moyennement fiable.** Il vaut mieux éviter de trop lui faire confiance avant qu'il n'ait fait ses preuves et que vous soyez davantage sûr de lui.

De 10 à 15 : **Bon résultat !** Il s'agit d'une **personne fiable** sur laquelle on peut compter et s'appuyer. Il faut savoir reconnaître ses qualités et le lui dire.

De 15 à 20 : **Excellent !** Cet individu est **extrêmement fiable** et compétent. Il s'agit de quelqu'un de précieux avec qui l'on peut travailler et vivre en toute confiance.

De 20 à 30 : **Miracle !** Ce genre de personne est malheureusement un **bijou très rare**. Gardez le précieusement et surtout faites très attention à ne pas le perdre.

Chapitre 4

Les quatre genres de manipulateurs

Être ou ne pas être manipulateur !

En lisant pour la première fois le test de confiance, un certain nombre de lecteurs risquent de se reconnaître et de penser qu'ils sont eux-mêmes des manipulateurs. Ce réflexe est somme toute assez naturel car, à un moment ou à un autre, et pour une raison quelconque, nous avons tous été amenés à agir par manipulation. Quelle mère n'a jamais dit à son enfant : « Mange ta purée pour faire plaisir à maman » ? Qui n'a jamais menti sur son curriculum vitae ou sur ses qualités pour obtenir un emploi ou un simple rendez-vous ? Qui n'a jamais demandé un objet ou un service à quelqu'un alors qu'il aurait très bien pu le faire par lui-même ?

Tant que ces manipulations restent occasionnelles, cela ne fait pas de nous de véritables manipulateurs. De la même manière que l'on peut avoir une caméra et faire des films de vacances sans être pour autant un cinéaste professionnel, on peut *faire* de la manipulation sans *être* vraiment un manipulateur. **À la différence du manipulateur occasionnel, le manipulateur professionnel utilise constamment les autres à son avantage. Il se sert régulièrement de la ruse ou du chantage pour parvenir à ses fins ou encore, il a inlassablement besoin d'écraser autrui pour se sentir puissant.**

Avant de s'attaquer à de tels spécialistes de la manipulation, il faut être capable de les distinguer d'un manipulateur occasionnel. Cela nous évitera de tuer un moustique à coups de marteau ou de s'attaquer à un tigre avec une tapette à mouche.

Pour mieux abuser ses victimes, le manipulateur utilise divers déguisements. On distingue **quatre genres de manipulateurs** :

- le manipulateur **charmeur** ;
- le manipulateur **culpabilisateur** ;
- le manipulateur **respectable** ;
- le manipulateur **autoritaire**.

Connaître et comprendre ce qui se cache derrière chacun de ces quatre masques est indispensable pour éviter de tomber dans les pièges qu'ils nous tendent.

Le manipulateur charmeur

Dans les vieux contes, un charme était le moyen magique que des individus peu scrupuleux utilisaient pour arriver à leurs fins. De la même manière et dans la vie de tous les jours, **il y a des manipulateurs qui utilisent un charme ou qui abusent d'une sympathie naturelle pour tromper leurs victimes.**

Il est difficile de refuser quelque chose à quelqu'un de sympathique ou à une personne qui formule sa demande avec un sourire éclatant. Même si on sent, au fond de soi-même, que l'on ne devrait pas le faire, on finit souvent par céder car il sait se montrer gentil, il parle avec aisance et semble attentif aux autres. Ce n'est pas parce qu'il est manipulateur qu'il n'a pas de qualités. Bien au contraire, **ce type de manipulateur utilise ses qualités pour se faire apprécier et mieux dissimuler ses manœuvres** sous un comportement tout à fait acceptable, voire agréable.

Nous avons déjà vu qu'un bon vendeur (manipulateur de type II) savait se montrer sympathique de différentes façons. Intuitivement ou à force d'apprentissage, il repère chez ses clients la forme de sympathie qui leur convient. Cela lui permet d'entrer naturellement en contact avec eux et de créer un climat favorable pour les amener à acheter ce qu'il leur propose et, bien souvent, sans qu'ils songent à refuser.

Au travail, avec des amis ou dans la vie courante, **il n'est pas toujours facile de réaliser que l'on est en présence d'un manipulateur** et il faut parfois le côtoyer un certain temps avant de s'en rendre compte.

Une des raisons principales de cette difficulté provient de ce que **les victimes des manipulateurs charmeurs** sont des personnes qui **ont plus ou moins tendance à refouler ou à nier leurs propres aspirations**. Pour différentes raisons (entre autres par peur de déplaire), elles sont davantage attentives à satisfaire les besoins des autres qu'à réaliser leurs désirs personnels.

Ainsi, même lorsqu'elles le pensent très fort, il leur est parfois très difficile de dire non à quelqu'un qui les sollicite gentiment.

4. Les quatre genres de manipulateurs

Cette belle-mère arrive chez ses enfants pour soulager sa belle-fille qui vient d'accoucher. Elle prend immédiatement la maison en main. Elle fait tout, s'occupe de tout, mais à sa manière. Résultat : si ses services ont été appréciés dans un premier temps, les jeunes parents se sentent maintenant submergés par sa présence. Belle-maman écrase ses enfants et les empêche de vivre. Ils n'ont plus l'impression d'être chez eux et aimeraient se retrouver seuls, mais ils ne savent pas comment lui signifier qu'elle devient trop encombrante. Ils se consolent alors en disant : « Elle est tellement gentille qu'on ne peut pas lui refuser de rester et puis, ça lui fait tellement plaisir »

Les victimes des manipulateurs charmeurs ont tendance à calquer leur attitude sur celle des autres ou les laisser choisir à leur place (« Je ne sais pas moi, fais comme tu veux, je te laisse choisir »). Ce type d'attitude (il s'agit surtout de soumission) laisse alors toute liberté au manipulateur charmeur pour séduire sa victime et obtenir d'elle ce qu'il veut. Combien de jeunes filles ont ainsi été séduites, pour être ensuite abandonnées sans ménagement. On s'en veut souvent d'avoir été dupé, d'avoir cédé ou d'avoir été incapable de résister, mais il est toujours trop tard pour réagir. Le manipulateur charmeur est souvent un séducteur qui manie à la perfection l'art de la flatterie ou de la fascination. Il ne donne jamais rien en échange ou alors fait-il le strict minimum pour mettre sa proie en appétit, la rassurer et, au final, atteindre son but.

Ce souci de l'économie a perdu le célèbre criminel Landru. Après avoir séduit ses futures victimes avec de beaux discours et de tendres paroles, puis s'être assuré de leur petite fortune, il leur proposait de venir visiter sa maison de banlieue. Or, au lieu d'acheter deux « aller et retour » comme l'eût fait n'importe qui, Landru n'en prenait qu'un seul pour lui et un « aller simple » pour celle qui ne reviendrait jamais puisqu'il savait qu'il allait la tuer et la faire disparaître dans sa fameuse cuisinière.

Ce n'est pas parce qu'une personne est sympathique qu'il faut absolument s'en méfier en pensant qu'il s'agit d'un manipulateur. La plupart des gens sympathiques n'ont pas d'arrière-pensées. En revanche, il serait tout aussi imprudent de croire que quelqu'un de sympathique est incapable de nous causer du tort.

Le manipulateur culpabilisateur

Le principe de réciprocité

Si certains manipulateurs jouent sur la superficialité ou sur la faiblesse de leurs victimes, d'autres s'appuient sur ce sentiment de malaise que nous éprouvons chaque fois que nous prenons ou recevons quelque chose sans rien donner en échange. Ils exploitent ce que l'on nomme, en psychologie sociale, le principe de réciprocité.

Ce principe est inscrit socialement en nous et l'on peut ainsi le formuler : « Si l'on me donne quelque chose, il faut absolument que je donne quelque chose d'autre en échange. » C'est notamment en vertu de ce principe que l'on ne se rend pas chez quelqu'un les mains vides, lorsqu'on est invité. Celui qui n'obéit pas à ce principe éprouve un sentiment de gêne, de culpabilité ou de honte plus ou moins important, à la mesure de l'éducation qu'il a reçue.

La méthode adoptée par le manipulateur culpabilisateur

Ce dernier utilise le principe de réciprocité selon une méthode bien précise.

- tout d'abord, il commence par donner ou par rappeler qu'il a donné quelque chose d'important (à ses yeux) ;
- ensuite, il nous impose l'idée que nous avons une dette à son égard et en profite pour nous demander, en échange, quelque chose de disproportionné ;

- enfin, en jouant sur la culpabilité générée par le principe de réciprocité, il fait en sorte de nous rendre incapable de lui refuser ce qu'il demande.

Si le manipulateur nous dépanne un jour de quelques euros et même si nous les lui rendons rapidement, il prétextera ce prêt pour nous demander un jour de lui avancer une somme importante car c'est lui qui fixe le moment et la façon d'acquitter cette dette morale.

S'il lui arrive une fois de nous transporter dans sa voiture, il n'hésitera pas, le moment venu, à nous demander (en échange) de lui prêter notre véhicule pendant une semaine en nous disant : « Quand tu n'avais pas de voiture, moi je n'ai pas hésité à te dépanner, alors maintenant que c'est à mon tour d'être coincé, tu peux quand même me rendre ce petit service ! »

Des conséquences graves

Après avoir lu les résultats scolaires de son fils, un parent manipulateur essaie de convaincre son enfant de la nécessité de changer de comportement : « Nous nous sommes saignés aux quatre veines pour que tu puisses aller à l'école, on a tout fait pour toi et c'est comme ça que tu nous remercies ! Tu n'as pas honte de nous faire autant de mal ? Tu n'es qu'un égoïste, tu ne penses qu'à toi, tu te moques de nous, tu devrais avoir honte. Si tu ne fais pas plus d'efforts, tu n'arriveras à rien. »

À force d'entendre ce genre de discours et de vivre dans cette ambiance culpabilisatrice, l'enfant a développé le réflexe inconscient de s'empêcher d'être heureux et de rater ce qu'il entreprend pour continuer à donner inconsciemment raison à ses parents. **Les conséquences des manipulations affectives ont « la vie dure » et sont difficiles à effacer, mais il suffit souvent d'en prendre clairement conscience pour en être libéré.** Dans son roman, *Les misérables*, Victor Hugo nous prouve que la manipulation culpabilisatrice n'a pas d'âge.

Les Thénardier étaient des gens avides et cupides qui avaient accepté de prendre la petite Cosette en pension chez eux. Rapidement, ils jouèrent sur le sentiment de réciprocité en lui faisant croire que sa mère l'avait abandonnée et qu'ils la gardaient par pure bonté. Considérant alors ses bourreaux comme des bienfaiteurs ayant eu l'obligeance de l'héberger, Cosette accepta d'effectuer tous les travaux pénibles de la maison afin de payer sa maigre pitance et sa paillasse, dans la pièce sans feu où elle dormait.

Toutes ces manipulations ne sont réellement dangereuses que tant que l'on demeure dans l'ignorance des mécanismes mis en place ou que l'on se trompe de cause.

Le manipulateur culpabilisateur joue aussi parfois sur le sentiment diffus de la victime d'avoir commis une faute ou d'avoir une dette à payer.

Ghislaine ne se maria jamais et resta toute sa vie au service de ses parents parce qu'elle pensait qu'elle leur était redevable de tous les efforts qu'ils avaient consentis pour elle. Il lui fallut longtemps pour découvrir que ses parents s'étaient contentés de jouer leur rôle. Il n'existait aucune raison objective pour qu'elle se sente redevable au point de leur sacrifier sa vie d'adulte.

Les manipulations familiales ne sont pas les plus simples à percevoir et à combattre. La proximité des personnes, la complexité des relations et la multitude des situations sont des éléments qui empêchent souvent de percevoir clairement la réalité.

Pour déjouer les plans d'un manipulateur culpabilisateur, il faut tout d'abord évaluer correctement ce qu'il nous a donné pour établir une comparaison avec ce qu'il souhaite recevoir en échange. S'il y a disproportion entre les deux, il n'y a pas de réciprocité légitime et donc aucune raison de se sentir coupable de ne pas accéder à sa demande. On est alors beaucoup plus libre et serein pour discuter, argumenter et refuser ce qu'il réclame.

4. Les quatre genres de manipulateurs

À retenir

Une manipulation fonctionne aussi longtemps que les victimes ignorent par qui et de quelle manière elles sont manipulées.

Le manipulateur respectable

Ce genre de manipulateur adopte un comportement (la prestance, le charisme) qui impose le respect et qui induit une forme de soumission au savoir, à l'autorité. Ce réflexe (de soumission) nous rend attentifs et bienveillants à l'égard de tout ce qui incarne le savoir ou l'autorité.

Dès la petite enfance, on nous a appris à respecter les adultes et à ne pas parler sans autorisation. À l'école, on nous a bien fait comprendre qu'il fallait obéir au maître, l'écouter et se taire en classe. Devenu adulte, on écoute son chef, on suit les conseils de son notaire et de son banquier ou ceux d'un cardiologue, sans même s'interroger sur leur honnêteté ou leur compétence. Par contre, on se méfiera plus spontanément d'un garagiste, d'un plombier ou d'un vendeur de voiture. **Beaucoup d'escroqueries financières s'appuient d'ailleurs sur ce réflexe de soumission à la respectabilité et au savoir.**

Nous entretenons un véritable réflexe de soumission et le manipulateur respectable aime à faire sentir sa supériorité en jouant sur cette tendance naturelle à nous soumettre à l'autorité. Il abusera de ses titres, de ses diplômes, de son expérience, de son argent, de ses biens, de ses relations, de son passé ou plus simplement de l'aura que lui confère son métier pour écraser l'autre. À son contact, on a la désagréable sensation de se sentir minable, inculte, ignorant ou complètement idiot. C'est d'ailleurs le but recherché car le manipulateur respectable n'a pas confiance en lui et se sert des autres pour affirmer sa supériorité. C'est ainsi qu'il a souvent une attitude légèrement méprisante pour bien marquer sa différence.

Face à un petit-fils qui lui reproche d'être une manipulatrice, une grand-mère répond : « On ne parle pas ainsi à sa grand-mère et d'abord tu me dois le respect ! » Si on avait remplacé le mot « grand-mère » par « mari, femme ou amie », la manipulation aurait été la même.

Le manipulateur respectable montre une assurance qui, tour à tour, déconcerte, paralyse ou écrase les autres.

Ce médecin de renommée internationale déclare doctement à la tribune d'un congrès de chirurgie orthopédique : « Mieux vaut une manipulation ratée par un médecin qu'une manipulation réussie par un kinésithérapeute. »

Cet intellectuel qui étale son savoir et pratique l'élitisme (pour se mettre en valeur) insiste sur l'ignorance de ses contemporains : « Ah bon, vous ne connaissez pas ? Pourtant, nous faisons cela depuis des années... »

Ces manipulateurs qui avancent masqués, dissimulés derrière ce qu'ils pensent être les attributs de la respectabilité, ont en réalité un grand besoin de l'admiration des autres pour exister. Sans eux, c'est-à-dire sans nous et surtout sans notre admiration ou notre envie de leur ressembler, leurs manipulations ne fonctionneraient plus et ils ne représenteraient plus rien.

Pour autant, la respectabilité est-elle néfaste et faut-il se méfier systématiquement de ceux qui nous impressionnent ?

Contrairement à ce que nous suggère le manipulateur respectable, **le respect n'est pas quelque chose qui se doit, mais quelque chose qui se mérite.**

Il n'est pas difficile d'identifier une personne véritablement respectable. Lorsqu'on est en sa présence, on a la sensation d'être plus vivant, d'exister davantage. Devenu plus intelligent, on a l'impression d'apprendre et de grandir spirituellement ou intellectuellement. Cela correspond à la ligne 13 du test de confiance (*Il enrichit l'intelligence ou le savoir de son auditoire*).

Le manipulateur autoritaire

Celui-là est très facilement identifiable, en raison de la crainte, de la peur ou même de la terreur qu'il inspire. Le manipulateur autoritaire est en effet persuadé que pour réussir dans la vie professionnelle, politique, sociale ou familiale, il faut s'imposer par la force. Pour lui, être fort, c'est être inflexible, ne pas montrer ses sentiments et encore moins tenir compte de ceux des autres.

Le manipulateur autoritaire est généralement quelqu'un de dur pour lui-même et de dur pour les autres. Il ne sait pas faire de compliments et ne perd pas son temps en préliminaires. Il va droit au but car pour lui seul le résultat compte. Il (elle) pense que l'on doit toujours préférer l'efficacité aux sentiments. La convivialité ou les échanges affectueux représentent une perte de temps. Le manipulateur autoritaire est persuadé que le monde entier est égoïste et se désintéresse du sort d'autrui. Ce que les autres peuvent vivre, ou ressentir ne l'intéresse absolument pas.

Le manipulateur autoritaire impose et exige. Il est souvent désagréable et lorsqu'il a besoin d'un service, il ne perd ni son temps, ni son énergie, pour séduire ou convaincre. Il n'a que faire de la motivation et de tout ce genre de choses. La seule stratégie qu'il connaisse est celle de l'ordre intransigeant, de la menace et de la sanction. Pour les mêmes raisons, il ne lui viendra jamais à l'esprit de remercier ou de féliciter ceux qui lui obéissent. Des termes comme *s'il te plaît* ou *merci* ne font pas partie de son vocabulaire. Il ne connaît que la critique.

Le manipulateur autoritaire pense que le monde est impitoyable avec les faibles et que montrer ses sentiments est une faiblesse inacceptable. C'est pour cela que ses émotions sont enfouies au plus profond de lui-même comme s'il s'agissait de quelque chose d'incongru et de honteux. On dit souvent de lui qu'il n'a pas de cœur. Il demeure indifférent à l'amour des autres. Pour lui, ce qui compte avant tout, c'est de s'assurer le contrôle de la situation en étant craint et respecté.

Louis XIV, qui voulait à tout prix éviter les complots, contrôlait les nobles de sa cour grâce à « l'étiquette ». Cette dernière correspondait à une longue liste de tout ce qui leur était autorisé ou interdit de faire. Il a atteint les sommets de la manipulation en prenant le nom de Roi Soleil car il affichait ainsi une autorité et une puissance au moins égales à celles de l'astre du jour qui permet la vie et qu'on ne peut regarder en face, sous peine de devenir aveugle.

Le manipulateur autoritaire pense que l'autorité est la valeur suprême qui fait marcher le monde. Cependant il peut vous reprocher d'être égoïste et sans cœur, s'il trouve que vous ne prenez pas suffisamment soin de lui. Dans son roman *Vipère au poing*, Hervé BAZIN décrit remarquablement ses souffrances d'enfant causées par une mère manipulatrice et autoritaire qu'il avait surnommée Folcoche.

Lorsque le manipulateur est particulièrement violent, on oublie les aspects manipulatoires pour ne retenir que son attitude que l'on qualifiera volontiers de colérique ou de caractérielle. Pourtant il s'agit toujours bien de manipulation puisqu'il cherche à obtenir quelque chose en jouant sur la peur de l'autre.

Ce directeur est constamment « sur le dos » de son personnel qu'il accable de procédures et de directives pour mieux les contrôler. Il sanctionne la moindre erreur avec la plus grande sévérité et ne pardonne aucune liberté de conduite. Tel un Ceausescu ou un Saddam Hussein d'avant la chute, il impose arbitrairement ses principes sans se soucier des conséquences. Il dirige, ordonne et sanctionne à tour de bras. Grâce à cette politique de terreur sans faille (qui bâillonne tout le monde), plus personne ne bouge ou n'ose se plaindre de peur d'être la prochaine victime. Pour l'extérieur, l'établissement paraît fonctionner tout à fait correctement et si l'on n'y regarde pas de trop près, tout paraît aller pour le mieux dans le meilleur des mondes.

Le manipulateur autoritaire aime et choisit des professions ou des postes de commandements en relation avec son goût du pouvoir et du contrôle. Dans le privé, ses partenaires sont des gens ternes et soumis à sa volonté, à moins qu'ils ne soient encore plus autoritaires que lui, comme ce professeur d'allemand de triste mémoire qui couvrait ses élèves de hurlements et d'injures à la moindre petite faute de grammaire, mais qui filait tout doux devant son épouse, lorsque celle-ci était à ses côtés.

4. Les quatre genres de manipulateurs

L'essentiel de ce chapitre

Avant de combattre une maladie, il faut être en mesure de l'identifier. Connaître et comprendre le genre de manipulation que l'on subit est donc un premier pas indispensable pour commencer à se libérer de l'emprise d'un manipulateur ou pour éviter de tomber dans les pièges qu'il nous tend.

- **Le manipulateur charmeur** mise sur la **sympathie** qu'il dégage pour mieux nous abuser.
- **Le manipulateur culpabilisateur** compte sur la **réciprocité** pour nous obliger à le contenter.
- **Le manipulateur respectable** utilise notre **soumission naturelle** au savoir et au pouvoir.
- **Le manipulateur autoritaire** s'impose par la **peur** ou par la terreur qu'il inspire.

Partie II

La manipulation Égocentrique (type II)

Chapitre 5

Comment résister à une manipulation de type II

Les manipulateurs égocentriques (type II) sont de tristes personnages qui abusent de notre gentillesse, de notre ignorance ou de l'une ou l'autre de nos faiblesses pour nous extorquer quelque chose. Ils ne sont pas forcément mal intentionnés à notre égard, mais lorsqu'ils désirent quelque chose, ils sont prêts à tout pour l'obtenir (et peu leur importe ce que cela peut nous coûter).

Comment faire pour ne pas se laisser forcer la main ? Comment se comporter et que répondre quand on nous demande un service que nous n'avons pas envie de rendre ? En un mot, comment échapper à cette forme de manipulation ?

Tout cela est relativement simple et tient en **quatre points**. Pour résister à un manipulateur type II il faut :

- savoir que la manipulation existe ;
- prendre du recul pour observer et comprendre ce qui nous arrive ;
- faire le deuil d'un monde idéal ;
- apprendre à repérer l'intention du manipulateur.

Avoir conscience de son existence

Il existe des gens « tête en l'air », naïfs ou candides qui, se fiant à la bonne mine de ceux qu'ils rencontrent, font systématiquement confiance à tout le monde. Inutile de dire que tous ces doux rêveurs constituent des proies idéales pour les manipulateurs.

Savoir ou se souvenir que la manipulation existe est une première étape indispensable car **la manipulation la plus dangereuse est celle qu'on ne voit pas**. Cela ne signifie pas pour autant qu'il faut se méfier de tout et de tout le monde. Laissons cela aux paranoïaques ! Il est simplement nécessaire de demeurer attentif et de ne pas négliger nos réactions instinctives. Le sentiment de malaise que nous éprouvons et le doute qui nous assaille en présence de certaines personnes ou de certains projets sont autant de petits signaux d'alerte qui doivent éveiller notre méfiance.

Lorsque Virginie fit part à Baptiste de son désir de monter une entreprise pour exploiter une idée originale de broderie, celui-ci trouva l'idée enthousiasmante. Quelques mois plus tard, Virginie lui demanda de s'associer financièrement au projet. Baptiste ressentit alors une étrange sensation qui lui nouait l'estomac et qui l'incitait à ne pas s'engager. Il se sentait un peu coupable à l'idée de ne pas aider son amie, mais il fit rapidement taire ses scrupules en s'accusant d'être trop égoïste et de ne penser qu'à l'argent. Finalement, focalisé sur l'originalité du projet, il s'engagea pour une somme assez importante. Malheureusement Virginie fit rapidement faillite car elle ne savait pas gérer, n'écoutait personne et n'en faisait qu'à sa tête. Naturellement, Baptiste ne revit jamais son argent.

À retenir

La manipulation existe, mais notre intuition ou les signaux d'alerte sont là pour nous prévenir d'un danger possible. Ils nous recommandent d'être plus attentifs et de nous méfier davantage avant d'aller plus avant.

Savoir prendre le recul suffisant

Prendre un peu de recul, c'est être capable d'observer ce qui se passe sans *a priori* et sans idées toutes faites. Cette attitude est la seule qui permette une vision plus juste des évènements car il ne faut pas oublier que le danger du manipulateur c'est justement son habileté à nous convaincre de la réalité de son personnage. Tout son art consiste à nous faire croire à l'image de lui qu'il veut nous donner.

La manipulation est une construction fragile qui s'écroule dès qu'elle est révélée. C'est pourquoi le manipulateur fait tout ce qui est en son pouvoir pour nous empêcher de prendre du recul et nous permettre de réfléchir. Il risquerait ainsi d'être démasqué et se perdrait.

Prendre du recul, c'est aussi refuser de s'engager trop vite. C'est savoir demander ou prendre du temps pour réfléchir, pour évaluer l'engagement qui nous est demandé et ses conséquences ultérieures ; c'est lire ce qui est écrit (en petits caractères) au bas d'un contrat, surtout si le vendeur vous dit que ce n'est pas important.

Faire le deuil d'un monde idéal

Ce n'est qu'à partir du moment où l'on accepte de voir la réalité en face que l'on peut vraiment commencer à agir efficacement. Faire le deuil d'une communication idéale ou d'un monde idyllique, c'est voir les choses comme elles sont et non comme on voudrait qu'elles soient.

On peut rêver d'un monde basé sur la confiance et le respect mutuel, d'un monde dans lequel les hommes seraient tous reconnus à leur juste valeur et où il n'y aurait pas de disputes, de manipulations ou de violence. On peut également imaginer un monde sans arrivistes où le courage et l'effort seraient récompensés, un monde où les gens honnêtes vivraient en paix et où les méchants et les incompétents cesseraient de nuire. On peut rêver...

Mais rêver sans agir c'est fuir devant la réalité. Certaines expressions illustrent ce refus d'être confronté à la réalité, dans ce qu'elle a de plus dur ou de plus déplaisant : « Ce n'est pas normal... Ce n'est pas possible d'être aussi méchant... Cela ne devrait pas arriver... C'est trop injuste... Comment peut-on voir des choses pareilles, ça ne devrait pas exister... »

Refuser de voir ce qui se passe pour mieux rêver un idéal imaginaire confortable et serein est le plus sûr moyen de souffrir et de se faire manipuler. C'est aussi sécurisant que de rouler à contresens sur une autoroute.

Si la peur n'éloigne pas le danger, refuser de le voir est le meilleur moyen de ne pas lui échapper. C'est aussi ridicule que d'évoluer dans un champ de mines en clamant haut et fort qu'il n'y a aucun risque.

Croire que le mensonge, la méchanceté ou la duperie ne devraient pas exister correspond non seulement à une illusion qui n'écarte pas le danger, mais c'est aussi un des meilleurs moyens pour l'attirer. Refuser de croire qu'une personne puisse être un manipulateur (alors que c'est le cas), c'est augmenter d'autant le risque d'en devenir victime.

Mais attention, voir les choses telles qu'elles sont ne signifie pas se résigner ou se soumettre. On peut très bien voir le monde comme il est et néanmoins travailler à son évolution sans se réfugier dans l'utopie.

Si je n'ai pas d'argent et si je ne perds pas mon temps à rêver de ce que je ferais si j'étais riche, je peux m'organiser pour en gagner.

De la même manière, si j'accepte ma maladie au lieu de me lamenter ou de m'apitoyer sur l'injustice de mon sort, je vais pouvoir utiliser toute mon énergie pour lutter contre le mal et recouvrer la santé.

Enfin, je serai plus à même de me défendre, voire de contre attaquer, si j'accepte la triste réalité de l'ambition forcenée d'un collègue, le caractère pourtant difficile à supporter d'un membre de ma famille ou, plus généralement, l'aspect insupportable de telle ou telle situation.

Celui qui accepte de constater qu'il est manipulé (sans perdre de temps à geindre ou à pleurer sur son sort), peut s'organiser pour se défendre et agir. Celui qui rêve en permanence d'un monde meilleur ne peut correctement appréhender son environnement et il n'y a rien d'étonnant à ce qu'il continue à se faire manipuler et à souffrir.

Sylvie n'arrivait pas à accepter la séparation avec son compagnon. Elle était persuadée qu'il allait revenir. Ils étaient tellement faits l'un pour l'autre, ce n'était pas possible autrement, elle en était sûre ! Plus les semaines et les mois passaient, plus elle s'enfonçait dans son rêve : un amour impossible et éternel. Il s'agissait de son unique sujet de conversation. Elle en parlait à tout le monde et saisissait le moindre prétexte pour parler de cet amour qui ne pouvait pas disparaître ainsi.

À deux ou trois reprises, elle croisa la route d'hommes amoureux d'elle, mais, hypnotisée par son rêve, elle ne s'en rendit pas compte. Ce n'est que des années plus tard qu'elle réalisa que son rêve avait été un cauchemar soigneusement entretenu pour ne pas voir en face l'abandon, la rupture et le rejet. À partir de ce constat, elle a pu mettre un terme à sa souffrance et même sourire de ses errements passés. Ayant accepté de regarder la réalité en face, elle a pu recommencer une vie nouvelle, plus heureuse et plus paisible.

À retenir

Faire le deuil d'une communication ou d'un monde idéal, c'est voir les choses comme elles sont. C'est fermer la porte à la souffrance qui se glisse entre ce qui est et ce que l'on voudrait que ce soit. C'est être capable de faire face aux difficultés et aux embûches de l'existence avec courage et efficacité.

Savoir repérer l'intention du manipulateur

Repérer un manipulateur en étant conscient de son existence et prendre le recul nécessaire pour qu'il se dévoile à travers son comportement ne suffisent pas toujours car il y a des manipulations « à tiroirs » tellement subtiles et retorses qu'il est pratiquement impossible de deviner l'intention du manipulateur. Il s'agit de l'application d'un principe connu de tous : *une manipulation peut en cacher une autre.*

Des films comme L'arnaque ou Le cave se rebiffe fonctionnent selon ce principe. Le personnage principal trompe à la fois la police et ses acolytes en faisant croire que sa manipulation a échoué. En réalité, cet échec va lui permettre de réussir une opération de manipulation bien plus importante et restée secrète aux yeux de tous.

Découvrir un but caché demande de bien connaître le manipulateur et de faire preuve d'un peu d'imagination. Cela n'est pas toujours facile et oblige à des tâtonnements. Lorsque l'on découvre l'intention d'un manipulateur, tout en sortant du brouillard, on se sent beaucoup moins victime. On peut alors tenter de prendre le manipulateur à son propre jeu ou, plus simplement, le contrer en dévoilant, à propos, ses véritables projets.

L'essentiel de ce chapitre

- **Repérer une manipulation c'est, en premier lieu, être conscient de son existence.** Il est important de savoir demeurer attentif ; il est nécessaire de rester à l'écoute de son intuition et de tous ces petits signaux d'alerte susceptibles de nous épargner nombre de désagréments.
- **Il convient ensuite, de prendre du recul pour observer et comprendre ce qui se passe.** En agissant de la sorte, sans a priori et en prenant le temps de la réflexion, il sera possible de mieux apprécier la valeur de l'engagement qui nous est demandé.
- **Il faut également faire le deuil d'un monde idéal** et accepter de regarder la réalité en face (voir les choses comme elles sont et non comme on voudrait qu'elles soient). Il est nécessaire d'accepter la réalité de la manipulation avant de pouvoir s'en défendre.
- **Il est capital, enfin, de découvrir l'intention du manipulateur.** Une fois révélée, celle-ci devient inopérante et le manipulateur est perdu.

Chapitre 6

Pourquoi est-il si difficile de résister aux manipulations de type II ?

Un manipulateur type II réussit à atteindre son but en jouant sur les points faibles de ses victimes. Son flair et son expérience lui font choisir ceux et celles qui osent le moins s'affirmer dans la vie ou qui sont le moins aptes à se défendre. Le cas échéant, il sait affaiblir les résistances de ses victimes en jouant sur leurs peurs ou sur leurs idées préconçues.

Le manipulateur s'attaque d'abord aux faibles

Le constat

La faiblesse est une situation plus ou moins momentanée qui provient souvent d'un rapport de force défavorable. C'est ce qui se produit par exemple lorsqu'on est en face d'un supérieur méprisant, d'un représentant de l'ordre qui constate une infraction ou d'un grand costaud menaçant, couvert de tatouages.

La faiblesse peut également provenir d'un état physique déficient lié à la maladie, à la fatigue ou au surmenage. Même si elle est momentanée, cette faiblesse n'en est pas moins réelle et perceptible par le manipulateur.

La faiblesse peut être d'origine psychologique. Ainsi, celui qui se sent inférieur, moins riche, moins intelligent, moins beau ou moins brillant que son interlocuteur se place automatiquement en position d'infériorité et de faiblesse. Une baisse de moral ou un état dépressif affaiblissent les défenses et exposent davantage aux attaques des manipulateurs.

En tout état de cause, un état de faiblesse entrave l'affirmation de soi ainsi que la capacité à se défendre. C'est pourquoi il ne faut pas laisser le manipulateur profiter de sa supériorité, en lui donnant trop hâtivement ce qu'il attend.

Pour résister

Quand on se sent faible, la solution est simple ; il ne faut surtout pas être réactif. Il est urgent de ne pas se précipiter ou de prendre des décisions qu'on regrettera inévitablement un jour ou l'autre. Il faut en dire ou en faire le moins possible et ne pas prendre de décisions hâtives en reportant à plus tard ce que le manipulateur nous demande.

Lorsqu'on se sent à la fois manipulé et en position de faiblesse, la manière de faire est la suivante :

- commencer par faire comprendre au manipulateur que l'on a bien saisi sa revendication ;
- insister ensuite sur le fait que l'on n'est pas en mesure de répondre, pour l'instant, à ses exigences ;
- enfin, terminer la conversation le plus vite possible, tout en restant poli.

« J'ai bien compris que ce que tu me demandes est important pour toi, mais, pour l'instant, je ne suis pas en mesure d'y répondre. Merci. »

« Je vous remercie d'avoir pensé à moi en me faisant cette offre, mais vous voyez que je ne suis pas en état de prendre une décision. Au revoir. »

« Je comprends bien que (reformuler sa demande), mais je ne peux pas le faire. Excusez-moi ». Puis, partez le plus vite possible !

Quand on se sent faible ou en état d'infériorité, il ne faut pas fuir honteusement. La fuite est un indicateur de faiblesse qui montre au manipulateur qu'il peut continuer à nous harceler en toute tranquillité. Ce qu'il faut, c'est le quitter en opérant une retraite stratégique fondée sur les trois actions suivantes : accuser réception, désamorcer, arrêter.

6. Pourquoi est-il si difficile de résister aux manipulations de type II ?

Accuser réception, c'est signifier à notre interlocuteur que l'on a bien compris sa demande. Il s'agit de parvenir à le formuler, avec nos mots. Cette reformulation montre sans conteste que l'on a parfaitement compris ce que le manipulateur vient de nous dire. Elle ne permet pas au manipulateur de profiter de notre incompréhension ou d'insister lourdement. L'accusé de réception doit être suffisamment clair pour signifier au manipulateur que l'on a bien compris ce qu'il désirait.

Désamorcer, c'est énoncer simplement (et sans se perdre dans les détails) **que l'on n'est pas en état ou pas en mesure de répondre à sa demande.**

Arrêter, c'est interrompre rapidement et poliment la conservation, sans attendre d'autres réponses. Il faut avoir l'intention d'arrêter la conversation, sans regret ni remord.

Dans un bar, un client tente de séduire la serveuse qui lui apporte sa commande. Après quelques échanges, il lui demande :

« À quelle heure finissez-vous ce soir ?

— Je vous remercie de vous intéresser à mes horaires (Accuser réception), mais vous répondre ne fait pas partie de mon travail. (Désamorcer.)

— Quel dommage !

— Merci Monsieur, au revoir. » (Arrêter.)

Un ami (mauvais payeur notoire) vous demande :

« Je ne sais pas à qui demander l'argent pour payer la réparation de ma voiture.

— Oui, je comprends, ce n'est pas une situation agréable. (Accuser réception.)

— Surtout que je rembourserai dès que j'aurai reçu l'argent que l'on me doit.

— Eh bien, dans ces conditions, je pense que tu vas t'en sortir. (Désamorcer.)

— J'espère.

— Salut ! (Arrêter.) »

En opérant une retraite stratégique il arrive parfois qu'on ne fasse que remettre le problème à plus tard.

À retenir

On ne peut pas gagner à tous les coups ! La retraite stratégique évite au moins de se faire manipuler une fois de plus. Elle permet aussi de gagner du temps pour trouver de nouveaux arguments et mieux contrer le manipulateur lorsqu'il reviendra à la charge.

Exercice

Retrouvez une manipulation de type II dans laquelle vous étiez en position de faiblesse. Ensuite, imaginez simplement comment vous auriez pu répondre en utilisant les trois étapes de la retraite stratégique.

Le manipulateur préfère les passifs

Le constat

Les personnes passives représentent environ un tiers des gens que l'on croise dans la vie. Le manipulateur les apprécie énormément car elles ne s'autorisent pas de réaction et ne savent pas se défendre ; ce sont pour lui des victimes de choix. Il les repère très facilement et les attaque directement.

Généralement, le passif ne demande rien car il a peur de s'imposer. Il préfère se laisser écraser les orteils plutôt que de dire qu'on lui marche sur les pieds. Il peut se montrer généreux pour ne pas paraître égoïste ou faire des cadeaux disproportionnés pour se racheter de fautes imaginaires ou bénignes.

Les passifs sont des gens très discrets qui ne veulent pas déranger. Ce sont de grands timides qui parlent peu ou qui passent leur temps à s'excuser. Ils sont quasiment incapables de refuser ce qu'on leur demande par peur de paraître insensibles, asociaux ou antipathiques. Il leur est très difficile de parler d'eux et quasiment impossible de se mettre en avant.

Ils sont souvent serviables à l'excès car ils sont davantage préoccupés par les intérêts des autres que par leurs propres besoins. Le problème des passifs est qu'ils oublient leur propre existence et qu'ils préfèrent se soumettre (en s'oubliant eux-mêmes) plutôt que d'affronter le conflit, le désaccord ou le jugement.

La passivité a des racines profondes qui remontent souvent à l'enfance. Et ce ne sont pas quelques lignes qui vont changer cet état de fait. Par contre, il est possible d'explorer quelques pistes pour aider ceux qui ont tendance à se comporter de la sorte.

Pour résister

Pour sortir de l'état d'infériorité et de solitude dans lequel il se trouve, le passif doit parvenir à imaginer qu'il est un être humain comme les autres et que son opinion et ses désirs sont au moins aussi valables que ceux des hommes et des femmes qui l'entourent.

« Fondamentalement, toutes les autres personnes que je rencontre sont comme moi. Je ne suis pas le seul à souffrir. Chaque homme ou chaque femme que je croise dans la vie a connu la souffrance. Chacun court après le bonheur et cherche à satisfaire ses besoins. Mais, dans le même temps, personne n'a vécu les mêmes choses que moi. Aucune ne sait ce que je vis profondément et aucune ne sait exactement combien je souffre. Tous ces gens sont différents de moi tout comme moi-même je suis différent des autres. Mes opinions et mes désirs sont tout aussi respectables que les leurs. Il n'y a pas de gens supérieurs ou inférieurs, il n'y a que des gens différents qui sont tous aussi respectables les uns que les autres ».

Il est courant de comparer un aspect ou un détail de sa vie avec le même détail ou le même aspect de la vie d'un autre. L'on ne s'en prive pas pour dire qu'un tel est plus riche, plus compétent, plus musclé ou plus célèbre qu'un autre. On peut comparer les voitures ou les comptes en banque, mais on ne peut pas comparer **globalement** les individus entre eux.

Si l'on évalue quelqu'un dans la globalité de son existence, personne ne ressemble à personne car chaque vécu est différent. Nous avançons tous dans la vie avec une histoire unique qui détermine, en grande partie, les décisions que nous prenons à chaque instant. Dans ces conditions, personne ne ressemble à personne et personne ne peut se comparer à personne. On est comme on est et il y a ni honte, ni orgueil, à se sentir différent. On peut (et il faut toujours) chercher à s'améliorer, mais au final, on ne sera jamais que soi-même.

Accepter les autres tels qu'ils sont est encore le meilleur moyen de s'accepter soi-même. Pour mieux saisir tout ce que cela recouvre, voici un petit exercice que l'on peut faire et refaire pour peu que l'on soit entouré.

Exercice

Observez discrètement une personne tout en vous répétant cette série de phrases : « Cette personne est comme moi, elle aussi a connu le chagrin, la tristesse, le désespoir... Cette personne est comme moi et cherche à éviter la souffrance... Cette personne est comme moi, elle a besoin d'aimer et d'être aimée... Cette personne est comme moi et cherche le bonheur... Cette personne est comme moi, il n'en existe pas deux identiques... Cette personne est comme moi, elle est la seule à être qui elle est. »

Répétez l'exercice avec différentes personnes jusqu'à ressentir un changement dans votre perception des autres ou de vous-même.

Le manipulateur réveille nos peurs

Le constat

Lorsqu'un manipulateur s'attaque à quelqu'un qui n'est ni faible ni passif, il a encore la possibilité d'atteindre ses objectifs en jouant sur la peur éprouvée par sa victime. En faisant vibrer ce type de corde sensible, il empêche la personne de s'affirmer et sape ses défenses ainsi que sa capacité de résistance.

Parmi ces peurs incontrôlables qui font de nous des victimes désignées, il y a la peur de faire de la peine, de blesser ou de vexer quelqu'un en lui refusant ce qu'il demande. Le manipulateur repère, réveille et utilise ce genre de craintes pour nous amener à faire ce qu'il souhaite sans ce que nous puissions nous défendre.

La peur de donner une mauvaise image de soi est un chantage que le manipulateur sait également utiliser « Tu as pensé à ce que les gens vont dire si jamais tu fais ça ? ».

La peur d'être jugé oblige souvent à agir à l'encontre de son propre désir.

On est également victime de manipulations lorsque l'on craint de froisser l'autre : « Tu ne vas pas me faire ça... Tu ne peux pas me refuser ce service... Écoute, fais-le pour moi... Je comprends que tu puisses refuser à n'importe qui, mais pas à moi... Tu ne peux pas refuser ça à ta mère... Écoute, je suis ton ami tout de même ! »

Certaines manipulations s'appuient sur la peur de décevoir l'autre : « Tu sais, j'ai vraiment besoin de cet argent et il n'y a plus que toi sur qui je puisse compter... Tu ne peux pas me décevoir, c'est trop grave pour moi. »

Le chantage à l'affection joue sur la peur de perdre quelqu'un : « Si tu ne fais pas cela pour moi, c'est que tu ne m'aimes pas. »

Mais parfois, c'est au contraire la fierté que l'on éprouve d'avoir été choisi qui nous fait tomber dans le piège de la manipulation : « Vous savez, je ne pouvais pas demander cela à n'importe qui, et il n'y a que sur vous que je puisse vraiment compter... et puis, je sais que vous saurez rester discret, n'est-ce pas ? »

Il est très difficile de résister aux manipulations qui jouent sur les cordes sensibles de l'estime, de l'amitié ou de l'amour. Les sentiments que nous avons pour le manipulateur ne doivent pas jouer le rôle de l'arbre qui cache la forêt. Ce n'est pas ce qui nous lie au manipulateur qui est important, c'est ce qu'il nous demande ou ce qu'il nous force à faire.

Pour résister

Pour s'opposer à ces différents types de manipulations égocentriques, voici la question qu'il faut immédiatement se poser :

« Si quelqu'un se détachait de moi parce que je n'ai pas cédé au chantage auquel il voulait me soumettre, est-ce vraiment quelqu'un qui mérite mon affection ? Au contraire, ne s'agit-il pas (du moins pour l'instant) d'un vulgaire manipulateur type II qui ne pense qu'à son intérêt sans se préoccuper du mien ? »

La réponse est parfois cruelle et il faut souvent du courage pour accepter son évidence.

> **Exercice**
>
> **Posez-vous la question suivante : « La dernière fois que j'ai cédé à ce genre de manipulation, le manipulateur valait-il le prix de mon sacrifice ? »**

Le manipulateur utilise les idées toutes faites

Le constat

Les idées toutes faites, c'est ce que tout le monde pense. C'est ce qui est admis par la société et que nul ne songerait à remettre en question (*Il faut être honnête, on ne doit pas mentir, il faut être généreux...*). L'ensemble de ces convictions représente un pilier essentiel de notre éducation sans lequel la vie en société ne serait plus possible.

Le manipulateur joue sur ces croyances (qui contiennent toujours une part de vérité) et les détourne à son avantage. Si nous lui refusons ce qu'il demande, il tentera de nous culpabiliser en affirmant : « Ceux qui ne savent pas partager sont des égoïstes ! »

Une gentille grand-mère créait ainsi de graves conflits en affirmant avec grande conviction : « En famille on peut tout se dire ! » Celui qui s'opposait à elle était interrompu par cette autre idée : « Tu dois respecter mes cheveux blancs. »

Selon les besoins et les circonstances, le manipulateur utilisera l'une ou l'autre de ces idées toutes faites pour mieux nous asservir. Il peut énoncer un certain nombre de phrases toutes faites : « Cela ne se fait pas de refuser quand on demande poliment... On doit toujours aider les autres... Il faut faire confiance... Il faut savoir être serviable... On ne doit pas laisser les gens dans le besoin... »

Il peut également tenter de nous imposer sa volonté en pérorant : « Il ne faut jamais se tromper... Il faut toujours tenir parole... Il est plus facile de fuir les problèmes que de les résoudre... »

Pour le manipulateur, les idées toutes faites représentent un moyen de pression extraordinaire car elles s'imposent à nous comme des vérités universelles qu'il serait hors de propos de remettre en question. Ce sont de véritables réflexes conditionnés dont personne ne doute. Et pourtant, c'est ce qu'il conviendrait de faire car aucune idée toute faite ne peut se révéler exacte, à tout instant et en toutes circonstances.

À retenir

C'est ainsi que l'expression « Qui ne tente rien n'a rien » peut aussi bien encourager positivement celui qui hésite à se mettre à son compte que servir à manipuler celui qui hésite à prendre de la drogue ou à faire n'importe quelle autre bêtise.

Pour résister

Lorsqu'un manipulateur utilise une idée toute faite, il ne faut pas rester prisonnier de ce qu'il nous affirme avec aplomb. Il faut faire preuve de bon sens et l'interroger (ou s'interroger soi-même) en demandant : *« Et alors ? »* Ensuite, et à propos de la réponse obtenue, il convient de renouveler la question : « Et alors ? ». On continue ainsi, jusqu'à ce que l'on échappe à la manipulation.

« Tu devrais m'aider, je suis ton ami. (Première idée toute faite.)

— Et alors ?

— Entre amis, il est normal de s'aider. (Deuxième idée toute faite.)

— Et alors ?

— J'ai besoin de 1 000 €.

— Je suis désolé, mais je n'ai pas une telle somme à prêter.

— Et 500 €, tu pourrais ?

— Écoute, en ce moment je ne peux pas prêter d'argent, à qui que ce soit et cela n'a rien à voir avec l'amitié. D'accord ?

— D'accord. »

On peut ainsi contrer la réponse d'un *dealer*.

« Qui ne tente rien n'a rien.

— Et alors ?

— Il faut que tu essayes pour savoir ce que c'est.

— Et alors ?

— Alors tu sauras.

— Et alors ?

— Oh tu m'embêtes avec tes questions ! »

6. Pourquoi est-il si difficile de résister aux manipulations de type II ?

Pour dépasser des blocages personnels qui nous empêchent momentanément de résister ou de s'opposer, on peut utiliser l'exercice en s'interrogeant soi-même.

Quelqu'un vous a extorqué la promesse de venir l'aider et maintenant vous ne pouvez plus le faire.

— « J'avais promis de l'aider.

— Et alors ?

— Quand on s'engage, il faut toujours tenir parole

— Et alors ?

— Maintenant je ne peux vraiment plus.

— Et alors ?

— Il ne va pas être content

— Et alors ?

— Après tout c'est son problème et il ne m'avait pas laissé le choix.

— Et alors ?

— Je vais l'appeler pour m'expliquer avec lui. »

Ce n'est pas le manipulateur qui nous rend dépendant, ce sont les idées toutes faites que nous acceptons sans les remettre en cause. En interrogeant avec bon sens ces idées toutes faites la technique du « Et alors ? » permet de résister ou de désamorcer un grand nombre de manipulations de type II.

L'essentiel de ce chapitre

- Le manipulateur s'attaque d'abord aux faibles et à ceux qui ne réagissent pas. Pour cela, il utilise les peurs et les idées toutes faites de ses victimes en les déformant à son avantage.
- Quand on se sent faible devant un manipulateur, il ne faut pas craindre de battre en retraite. Pour opérer cette retraite stratégique, il faut appliquer la méthode suivante : accuser réception, désamorcer et arrêter correctement la communication.
- Pour lutter contre le sentiment d'infériorité qui nous pousse à nous laisser faire et à demeurer trop passif, il faut découvrir et comprendre que les autres « sont comme moi ». Nos désirs et nos besoins sont aussi légitimes que ceux des autres. S'accepter soi-même, c'est accepter les autres et c'est surtout commencer à pouvoir s'affirmer.
- Quand on n'est ni faible ni passif, on peut lutter contre les peurs et les idées toutes faites que les manipulateurs utilisent ou réveillent à notre insu. Pour cela, il faut savoir prendre du recul et interroger le manipulateur sur ce qu'il cherche réellement. La technique du « Et alors ? » s'avère excellente dans ces occasions.

Chapitre 7

Pourquoi n'ose-t-on pas dire *non* ?

Nous savons tous déjà dire *non*. Dans les situations où nous sommes à l'aise et lorsque nous dominons la situation, nous ne craignons pas de nous affirmer en manifestant clairement notre refus. C'est ainsi que par exemple, il n'est pas difficile de dire *non* à un petit enfant ou à un adulte qu'on ne craint pas.

On sait également dire *non* en réponse à un geste déplacé ou à une proposition complètement inacceptable. Dans ce cas, c'est la légitimité de notre colère qui nous donne la force suffisante pour oser dire *non*.

Mais entre ces deux extrêmes, il y a beaucoup de situations où il est difficile de s'opposer. Par exemple, il n'est pas évident de dire *non* à un patron qui demande un travail supplémentaire, *non* à un collègue qui nous met dans l'embarras, *non* à un ami qui s'invite au mauvais moment ou *non* à un vendeur trop persuasif.

Le problème n'est pas de savoir dire *non*, il est d'oser le dire à la bonne personne et au bon moment. Mais pour s'opposer et manifester un refus, il ne faut pas être dans la soumission. Pour s'affirmer sereinement en face d'un manipulateur, il faut être capable de revendiquer son droit à exister en tant que personne libre. C'est ce que l'on appelle l'affirmation de soi.

Ceux qui ont reçu beaucoup d'amour dans leur enfance, de nombreuses félicitations et qui ont été encouragés dans leurs initiatives, ceux-là sont moins sensibles à la manipulation car ils ont une grande confiance en eux. *A contrario*, ceux qui ont reçu plus de critiques que de compliments accusent naturellement un grave déficit de confiance et constituent des proies faciles pour les manipulateurs.

Les origines du manque de confiance en soi sont nombreuses. Cependant, on peut les classer en trois rubriques : **la crainte de l'autorité** ; **la culpabilité** ; **le besoin d'être aimé** (ou la peur d'être rejeté).

La crainte de l'autorité

La crainte de l'autorité, c'est l'enfant paralysé face à son père qui le gronde. C'est aussi ce qui nous soumet à l'autorité d'un professeur, d'un chef, d'un juge, d'un policier, d'un médecin ou de toute autre figure « respectable ». À travers notre éducation, on nous a appris à respecter et surtout à ne pas contredire l'autorité.

Le réflexe de soumission entrave l'affirmation de soi. Et les personnes qui n'osent pas s'affirmer sont celles qui répondent en priorité aux besoins des autres avant de penser aux leurs. On comprend alors que, dans ces conditions, il soit plutôt difficile de s'opposer et d'oser dire *non*.

La peur d'être jugé égoïste (ou encore, méchant, ingrat, mauvais parent...) ou la peur du conflit sont deux autres formes de la crainte de l'autorité. Prendre conscience de ce réflexe (souvent inconscient) est un premier pas salutaire pour commencer à faire confiance à son propre jugement au lieu de se soumettre inconditionnellement à celui des autres. On peut demander avis et conseils sans être pour autant contraint de les suivre à la lettre, comme s'il s'agissait d'ordres de droit divin.

Exercice

Afin de ne plus dépendre du jugement des autres et pour devenir capable de faire-valoir votre propre point de vue, répondez tranquillement à chacune de ces trois questions : ***Qui a le plus d'informations et de renseignements sur moi-même ? Qui est le mieux placé pour me connaître et me juger ? Quelqu'un peut-il me connaître mieux que je ne me connais moi-même ?*** **Revenez à la première question et refaites plusieurs fois cet exercice jusqu'à ce que vous commenciez à ressentir un sentiment agréable (le sentiment de votre propre conviction). À ce moment-là, demandez-vous :** ***En dernier ressort, qui est le mieux placé pour décider de ce que je dois faire, dire ou penser ?***

Le sentiment de culpabilité

Que la culpabilité ait une cause réelle (ou inventée) ou qu'elle ait été suggérée ou imposée par un manipulateur, dans tous les cas ce sentiment n'aide guère à s'affirmer.

Développer un sentiment de culpabilité a de nombreuses conséquences et contrarie, notamment, l'affirmation de soi. Ainsi avons-nous parfois tendance à nous punir, en nous restreignant ou en affaiblissant notre puissance, afin de ne pas recommencer à mal agir. Dans d'autres cas, le sentiment de culpabilité nous commande de nous laisser diriger par les autres (pour nous éviter de mal nous conduire). Enfin on peut s'auto punir en s'imposant des contraintes de toutes sortes et en s'empêchant de réussir pour éviter de nuire, de détruire ou de mal utiliser sa puissance.

Dans tous les cas et quelle qu'en soit la cause, la culpabilité ne fait qu'entraver la liberté d'être et l'affirmation de soi. On peut toujours réparer une faute réellement commise, mais il ne sert à rien de se culpabiliser sans rien entreprendre de positif. Quant aux culpabilités imaginaires, seul un travail approfondi, effectué avec une aide extérieure permettra d'éclaircir la situation.

Exercice

En prenant tout votre temps, faites la liste de tout ce que vous pouvez vous reprocher et qui vous culpabilise. Ensuite, tentez sereinement de déterminer de quelle manière chacun de ces souvenirs mine votre confiance en vous et entrave la réussite de vos projets.

La reconnaissance et l'acceptation des faits libèrent du sentiment de culpabilité qui y était associé. Généralement, cela procure un sentiment agréable de puissance retrouvée.

Le besoin d'être aimé et la peur d'être rejeté

Ce double besoin entrave la capacité à décider et à s'imposer. Il peut se traduire par ce genre de questions :

- *Est-ce que mon travail est bien fait ?*
- *Apprécie-t-elle ce que je lui dis ?*
- *Va-t-il apprécier ce que je lui apporte ?*
- *Qu'est-ce qu'elle pense de moi ?*

L'opinion des autres à propos de ce que nous disons ou de ce que nous entreprenons est indispensable pour vivre et travailler en groupe. Il s'agit d'un retour d'image qui nous permet de savoir si ce que nous faisons correspond à ce que l'autre attend. Mais certains sont beaucoup trop attentifs au jugement que les autres vont porter sur eux et pensent (à tort) que l'opinion des autres constitue une évaluation valable de leur propre personne. On ne peut pas vivre, tel un ours mal léché, en ignorant notre entourage, mais à trop écouter le jugement des autres, à trop nous identifier à ce qu'ils pensent de nous, on court le risque de n'exister qu'à travers leur regard et selon leur opinion.

Le mécanisme à l'œuvre est alors le suivant :

- plus je porte d'attention à ce que les autres disent de moi et moins je fais confiance à mon propre jugement ;
- moins je me fais confiance, plus j'ai besoin d'être rassuré sur ma propre valeur et plus j'ai besoin de me sentir aimé et apprécié par les autres ;
- plus je cherche à plaire aux autres (pour qu'ils m'aiment et qu'ils ne me rejettent pas), plus je suis attentif à leur jugement et plus j'en suis dépendant...

Nous sommes confrontés à une spirale infernale qui, à chaque cycle, nous transforme un peu plus en marionnette que les autres façonnent à leur mesure et dont ils tirent les ficelles. Dans ces conditions, il est difficile de s'aimer soi-même, difficile de s'autoriser à exister et encore plus difficile de dire *non*.

7. Pourquoi n'ose-t-on pas dire *non* ?

Pour étancher cette soif d'être aimé et apaiser la peur d'être rejeté, on va tout faire pour donner une bonne image de soi-même. On cherche à plaire, à ne pas faire de vague. On fait en sorte de correspondre aux attentes des autres. On est prêt à se sacrifier, à toujours rendre service, à ne rien refuser, à éviter les conflits… En un mot on est prêt à se laisser manipuler.

La solution est pourtant simple. Il suffit de se rappeler que c'est nous (et non les autres) qui possédons le plus d'informations sur nous-même. Nous sommes donc les mieux placés pour avoir une idée de ce que nous désirons. Encore une fois, on peut écouter les avis extérieurs (sources utiles d'information), mais nul n'est obligé de les suivre et encore moins de les croire. C'est à nous de décider de ce que nous valons et de ce que nous voulons.

Exercices

• Un premier exercice, un peu surprenant, peut se révéler très utile pour vous aider à vous dégager du poids de l'opinion des autres à votre sujet.

Réfléchissez au plat, au légume ou à la boisson que vous n'aimez vraiment pas.

Exemple : *les nouilles à l'eau.*

Posez-vous la question suivante : *quelle pourrait être la réaction de cet aliment s'il apprenait que je ne l'aime pas ?*

Quelques réponses possibles : *cela le laisserait froid ; cela ne le toucherait pas ; il s'en ficherait royalement…*

Retrouvez une situation où vous avez eu le sentiment d'être rejeté(e).

Réponse : ....

Maintenant repensez à cette même situation en adoptant la même attitude que celle de l'aliment ci-dessus évoqué, lorsqu'il apprend que vous ne l'aimez pas.

(J'observe cet évènement avec le même point de vue qu'un plat de nouilles à l'eau apprenant que je n'aime pas cela…)

Refaites l'exercice (depuis le début et à l'aide d'autres exemples) jusqu'à atteindre un état de détachement suffisant par rapport au jugement négatif des autres.

• Un deuxième exercice peut-être effectué, en suivant une méthode similaire.
Retrouvez une situation dans laquelle vous n'avez pas su ou pas pu vous opposer.
Déterminez quel type de peur était à l'origine de votre incapacité à réagir (crainte de l'autorité, sentiment de culpabilité, peur de ne plus être aimé ?).
Vérifiez si, aujourd'hui, votre peur est encore justifiée.
Refaites l'exercice autant de fois que vous le désirez, jusqu'à en tirer des conclusions satisfaisantes.

L'essentiel de ce chapitre

- En principe, nous savons tous dire *non*... sauf lorsque l'on craint l'autorité de quelqu'un, quand on se sent coupable, qu'on a besoin d'être aimé ou qu'on a peur d'être rejeté.
- Si nous ne savons pas dire *non*, c'est parce que nous confondons ce que nous faisons avec ce que nous sommes. Autrement dit, nous considérons les critiques ou les louanges concernant nos activités comme autant de critiques ou de louanges s'adressant à notre personne. Dès que l'on nous fait un compliment nous sommes heureux. Au contraire, à la moindre critique, nous sommes vexés, tristes ou malheureux.
- Notre erreur, c'est (cette fâcheuse tendance) de penser que les autres nous connaissent mieux que nous-même. Alors nous les écoutons et nous nous soumettons à leur jugement (à leur manipulation) en pensant que leur opinion a bien plus de valeur que la nôtre. On peut prendre des conseils ou écouter des avis extérieurs. Mais personne ne pourra, mieux que nous, nous connaître, nous évaluer et savoir ce que nous voulons.

Chapitre 8

Comment oser dire *non*

Pourquoi les gens sont-ils si méchants ? Pourquoi sont-ils tellement égoïstes ? Pourquoi ne peut-on faire confiance à personne ? Pourquoi ?

La plupart des gens qui ont du mal à dire non ont un point en commun : ils trouvent le monde hostile et ils voudraient pouvoir vivre tranquillement sans être continuellement obligés d'être sur la défensive.

On peut regretter que le monde soit rempli d'escrocs, d'égoïstes et de manipulateurs en tout genre. On peut déplorer de ne plus pouvoir faire confiance à personne. Ces récriminations ne changent rien à l'affaire. Il ne sert à rien de jouer l'autruche en regrettant que le monde soit mauvais ou méchant. Gémir sur la dureté de la vie (ou rêver d'un monde meilleur) empêche de voir la réalité en face et, conséquemment, d'agir efficacement. Au fur et à mesure que l'on rêve d'un monde impossible, celui dans lequel nous vivons devient hostile et nous nous sentons de moins en moins capables de changer quoi que ce soit.

Pour oser dire *non*, il faut commencer par accepter de voir le monde tel qu'il est. Il y a des gens égoïstes, d'autres qui sont assoiffés de pouvoir, il y a des manipulateurs, il y a aussi des tricheurs, des menteurs… Il y en aura encore longtemps. Il est inutile de gémir ou de se lamenter, le monde est ainsi fait. Ouvrons les yeux et acceptons la réalité des faits !

Comment dire *non* à un manipulateur charmeur

Le constat

Qu'il s'agisse d'un homme d'une femme ou d'un enfant, **le manipulateur charmeur nous attire et nous berce d'illusions** parce qu'on le trouve séduisant, amusant, attendrissant, sympathique, etc. Il est tellement plein d'attraits qu'on aimerait, en retour, sinon lui plaire du moins ne pas lui déplaire.

Son art de la séduction nous paralyse et nous empêche de lui dire *non*. On a peur de le décevoir, on craint de paraître ridicule, on ne veut pas passer pour un « pingre », un blasé ou un égoïste. Aussi longtemps que l'on croit à l'image que nous présente le manipulateur charmeur, on n'ose pas lui résister et l'on éprouve donc des difficultés à lui dire *non*.

Pour résister

Face à un manipulateur charmeur, **la première chose à faire est donc de briser le miroir aux illusions**. Pour y parvenir, on peut se poser les questions suivantes : *que cachent ce sourire et ces belles manières, quel est son véritable but et que veut-il vraiment de moi ? Au-delà de ce qu'il me fait miroiter où se trouve son intérêt ? Pourquoi fait-il tout cela ? Dans cette histoire, qui sera le véritable gagnant ? Où se trouve le piège ?*

Ensuite, pour mettre un terme aux petites manipulations, **le plus simple est encore de dire *non* en ayant la ferme intention de ne pas aller plus loin** dans la discussion. Ce *non* doit être clair, net, sans scrupule et ne doit pas engendrer un quelconque sentiment de culpabilité. Ne craignez pas de vous opposer ! Il n'y a vraiment aucun danger à dire non à un manipulateur charmeur qui vous demande un service ou qui tente de vous vendre quelque chose.

Rappelez-vous que l'on ne peut pas blesser un manipulateur. On ne peut blesser que les honnêtes gens. Si un manipulateur vous disait que vous l'avez blessé, ne le croyez surtout pas et n'entrez pas dans son jeu. Il s'agit encore d'une tentative de manipulation pour mieux vous faire céder.

Le but réel du manipulateur charmeur n'est pas de vous plaire, mais bien de tirer parti de votre crédulité, d'une manière ou d'une autre. Aussi, **ne lui laissez pas le temps de développer ses arguments** pour mieux vous convaincre. Le temps (celui de la discussion) joue toujours en sa faveur. Chaque seconde supplémentaire, passée à l'écouter, vous fait tomber un peu plus dans son piège.

8. Comment oser dire *non* ?

Rappelez-vous que vous vous trouvez en présence d'un manipulateur de type II qui ne pense qu'à ses intérêts (même et surtout s'il dit ne penser qu'aux vôtres). **Abrégez ! Dites-lui *non*, carrément, simplement** et le plus rapidement possible.

Dire *non* c'est à la fois affirmer son refus et sa volonté de mettre un terme à la communication. En disant, *non merci,* ou encore, *non ça ne m'intéresse pas*, l'intention doit être nette, claire et sans bavure. Pas d'arrière-pensées ni de scrupules ! Surtout pas de culpabilité ! Plus la confiance et l'affirmation de soi sont perceptibles, plus votre refus est efficace et plus le manipulateur est rapidement arrêté dans ses manœuvres.

Il arrive qu'on ne puisse pas se contenter de dire purement et simplement *non*. Soit on a trop attendu, soit on connaît trop bien la personne. Dans ces circonstances, il vaut mieux savoir formuler son refus correctement.

Réagir, mais dans les formes

Quand on ne veut pas ou quand on ne peut pas répondre aux attentes d'un manipulateur charmeur, il faut savoir lui dire *non* dans les formes.

Une amie vous demande de l'emmener quelque part au moment où vous deviez partir à un rendez-vous : « Ce serait vraiment gentil de ta part si tu pouvais m'emmener en voiture à tel endroit. »

Plutôt que de lui céder et de rater votre rendez-vous, vous lui dites non, dans les formes, de la manière suivante : « Écoute, je t'aurais volontiers accompagné, mais c'est à l'autre bout de la ville et j'ai ce rendez-vous que je ne peux absolument pas repousser. Tu pourrais peut-être prendre un taxi ou demander à quelqu'un d'autre de t'emmener ? Maintenant pardonne-moi, mais il faut absolument que j'y aille. »

Examinons en détail ce genre de réponse qui contient tous les ingrédients nécessaires pour bien dire non à un manipulateur charmeur.

Vous lui montrez tout d'abord que vous avez bien compris sa demande, que vous n'êtes pas contre, mais que vous ne pouvez absolument pas lui rendre ce service : « Écoute, je t'aurais volontiers accompagné, mais c'est à l'autre bout de la ville et j'ai ce rendez-vous que je ne peux absolument pas repousser... »

Vous lui proposez ensuite une alternative sans lui laisser le temps de respirer : « Tu pourrais peut-être prendre un taxi ou demander à quelqu'un d'autre de t'emmener. »

Enfin, sur votre lancée, vous brisez net l'entretien sous un prétexte valable et vous quittez la scène : « Maintenant pardonne-moi, mais il faut absolument que j'y aille. »

Dire *non*, dans les formes c'est donc :

- **Décrire la situation** en reprenant les propres mots du manipulateur pour lui montrer, sans ambiguïté, que vous avez bien compris la nature de sa demande : *si je comprends bien, vous désirez que je... En résumé, tu voudrais que je...*
- **Exprimer calmement votre point de vue** ou exposer vos contraintes sans vous justifier ni vous perdre dans des détails inutiles : *je ne peux pas ou je ne veux pas le faire pour telle ou telle raison...*
- **Rechercher et proposer une ou des solutions** : *peut-être que... Tu pourrais... As-tu pensé à demander à...*
- **Mettre un terme à l'entretien** à l'aide d'un mot une d'une phrase courte pour signifier à votre interlocuteur, qu'en ce qui vous concerne, la communication est terminée : *bien ! J'espère que tu vas trouver une solution ; bonne chance et au revoir !*

« Tu veux faire un loto avec moi, ça nous coûtera moins cher et nous partagerons les gains.

— Je te remercie de penser à moi, mais tu sais que je n'aime pas les jeux de hasard. Si tu gagnes, je préfère que tu gardes tout. Je ne te dis pas "bonne chance", il paraît que ça porte malheur. Salut ! »

Le sens de la répartie ou de l'à-propos ne s'invente pas. C'est une forme d'aisance qui naît avec la compréhension des choses et qui grandit avec la confiance en soi.

Une personne sûre d'elle n'a pas peur d'exprimer fermement et tranquillement son point de vue. Elle défend ses droits tout en respectant ceux des autres. Elle est capable d'affirmer sa personnalité et ses besoins sans susciter d'hostilité. Elle ne se laisse pas marcher sur les pieds et sait dire *non* sans se sentir coupable.

À retenir

Pour triompher d'un manipulateur charmeur, il faut tout d'abord prendre conscience que derrière le charmeur se cache un manipulateur. Découvrir son but caché est un des meilleurs moyens pour briser le charme (l'envoûtement). Afin de mettre un terme à la manipulation le plus simple est d'oser affirmer son refus tranquillement et sans complexe. Selon le contexte et la qualité de la relation, l'expression du *non* sera plus ou moins réalisée dans les formes.

Comment dire *non* à un manipulateur culpabilisateur

Pour ce qui concerne la plupart des manipulations de type II, il faut savoir dire non pour en être débarrassé. Malheureusement certains manipulateurs parviennent quand même à nous extorquer ce qu'ils veulent en jouant sur notre sentiment de culpabilité. Dans ce cas, le *non* ne suffit pas.

Le constat

Voici une série non exhaustive de phrases culpabilisatrices utilisées par un manipulateur :

- *Écoute, je suis ton ami, tu ne peux pas me refuser ça !*

- *Après tout ce que j'ai fait pour vous, c'est comme ça que vous me récompensez ?*
- *Moi je ne t'ai jamais rien refusé et toi tu as le culot de me dire non...*
- *Tu ne penses qu'à toi, et moi, tu t'en fiches complètement !*
- *Comment oses-tu me faire une chose pareille ?*
- *C'est toujours la même chose, dès que je demande quelque chose, on me le refuse...*

L'essentiel est de comprendre que le culpabilisateur cherche à nous donner mauvaise conscience. Par ce biais, il s'efforce de nous faire regretter notre refus et compte ainsi nous faire changer d'avis. Voyez comment certains mendiants savent jouer dans ce registre pour amener le passant à ouvrir plus facilement son porte-monnaie.

Exercice

Retrouvez une ou deux situations dans lesquelles le manipulateur a su vous culpabiliser pour contrer votre refus, ou simplement pour mieux vous amener à lui donner ce qu'il voulait.

La culpabilité est un sentiment honorable qui est lié à notre éducation. Nos parents, l'école, les copains, la vie en société nous ont enseigné ce qui était bien et ce qui ne l'était pas. De la même manière, nous avons appris, souvent à nos dépens, ce qu'il en coûtait d'enfreindre un code établi.

La culpabilité est aussi un sentiment naturel chez l'homme normal. Seuls les grands pervers, les criminels de guerre, les terroristes, tueurs en série, pédophiles et autres malades, n'éprouvent absolument aucun remord. Lorsqu'ils sont sur le banc des accusés, ils sont complètement insensibles à l'évocation de leurs crimes. C'est d'ailleurs cette indifférence et cette absence de compassion qui troublent tant les victimes ou leur famille (comme elles en témoignent devant les caméras au sortir de la salle d'audience).

La culpabilité est une émotion normale et facilement accessible. L'habileté du manipulateur culpabilisateur est de savoir l'activer abusivement chez sa victime. Ce n'est donc pas la culpabilité elle-même qui est en cause, mais sa justification. Tant que nous n'étudions pas avec attention ce sentiment pour le remettre éventuellement en cause, le manipulateur parvient à nous soumettre. En fait, il gagne aussi longtemps que nous croyons être coupables.

Pour résister

Pour résister à un manipulateur culpabilisateur la question à se poser est donc : *suis-je réellement coupable de ce qu'on me reproche ?*

La réponse n'est pas des plus aisées et il ne s'agit pas de se travestir en juge de paix pour déterminer qui a tort et qui a raison. Ce qui compte, c'est de savoir évaluer, même approximativement, la réalité d'une manipulation culpabilisatrice. Pour cela, il suffit de se demander : *existe-t-il un équilibre entre ce qu'il me demande et ce qu'il dit m'avoir donné ?*

Un ami vous impose de venir l'aider à déménager et vous ne pouvez absolument pas le faire :

« Dis, je compte sur toi pour m'aider à déménager jeudi prochain.

— Tu sais, là je ne vais pas pouvoir, je suis déjà pris.

— Je te remercie ! Quand tu avais besoin de moi, tu étais bien content de me trouver. Maintenant que j'ai besoin de toi tu me laisses tomber comme une vieille chaussette. »

Vous vous rappelez effectivement que cet ami s'était invité chez vous pour vous aider à restaurer votre maison de campagne. En fait, il se levait à 11 heures et ne participait à aucun des travaux, même ménagers. De temps en temps, il venait voir si on avait besoin de lui et repartait aussitôt faire la sieste ou se promener. Maintenant, grâce à ce rapide examen, vous pouvez lui répondre sereinement : « Effectivement, j'ai été très content d'avoir des amis pour m'aider quand j'en avais besoin. Ce furent de bonnes vacances pour tout le monde. D'ailleurs, tu en as bien profité. Mais pour ce qui est de ton déménagement, là je ne peux vraiment pas t'aider, je suis déjà pris ailleurs. Demande à quelqu'un d'autre ou fais appel à une entreprise. »

Lorsque l'on constate être en présence d'un manipulateur culpabilisateur et que l'on réalise qu'il n'y avait aucune raison de se sentir coupable, on peut alors s'opposer sereinement et lui dire *non* sans avoir besoin de se justifier.

Malgré ce qu'il vous dit, vous ne lui devez rien. Ne vous embarquez pas non plus dans des explications sans fin. Abrégez la conversation sans complexe, en évitant l'agressivité, la dévalorisation et l'ironie.

Culpabilité et légitimité

Le désir et la volonté des autres sont légitimes, mais ce n'est pas une raison pour qu'ils nous les imposent en nous culpabilisant. Nous avons également des besoins et des aspirations tout aussi légitimes.

Pour retrouver sa légitimité, face à ce sentiment de culpabilité, il est indispensable de prendre un peu de temps pour réfléchir à nos droits présents et à venir.

Exercice

Pour vous aider à vous sentir en confiance lorsque vous devrez faire face à un culpabilisateur, étudiez et complétez la liste ci-dessous.

J'ai le droit : de penser différemment de toi ; de me reposer ; de faire ce dont j'ai envie ; de ne pas me laisser faire ; de ne pas toujours être d'accord ; de travailler à mon rythme ; de penser à moi ; de ne pas aimer ; de refuser ; de ne pas donner d'explication...

Le droit à la différence

Pour élargir cette réflexion portant sur la légitimité de vos droits, rappelez-vous des situations ou quelqu'un vous avez empêché d'affirmer votre propre goût ou d'exprimer vos préférences, vos opinions, vos sentiments et vos réactions.

Prenez le temps de voir comment vous auriez pu vous affirmer davantage avec ce que vous savez maintenant ; faites-le pour chacun de vos droits. Ce n'est pas du temps perdu, bien au contraire !

Le droit à l'imperfection

Sachez que vous n'êtes pas un surhomme ou une *wonderwoman*. Vous avez le droit d'avoir vos faiblesses et d'afficher vos limites et votre incompréhension. Il n'y a aucune raison objective pour se rendre coupable de ces « insuffisances ».

Ce ne sont pas des tares, mais simplement la preuve de notre humanité. Dans ce cas aussi, voyez comment vous auriez pu réagir différemment en revendiquant ces droits sans complexe au lieu de les cacher.

À retenir

La culpabilisation ou la menace du rejet sont des moyens que le manipulateur culpabilisateur utilise pour nous asservir. En prenant conscience de notre enlisement (qui nous soumet au chantage), nous nous libérons, à la fois de la culpabilité et du manipulateur. Nous sommes alors en mesure de nous affirmer pour ce que nous sommes et capables de dire *non* à la manipulation.

Comment dire *non* à un manipulateur respectable

La difficulté avec les manipulateurs respectables, c'est qu'on ne pense même pas à leur dire *non*, simplement parce qu'on ne se rend pas compte qu'on est en train de se faire manipuler.

Le constat

- Lorsqu'un médecin, un journaliste ou quelqu'un ayant un statut social plus élevé que le nôtre parle, on a tendance à l'écouter et à le croire sans se poser de question. **La respectabilité fascine.** Il suffit qu'une information soit signée par un chercheur ou annoncée par un journaliste connu pour devenir crédible. Si c'est écrit dans le journal ou vu à la télé, il s'agit d'un sceau de validité qui nous fait accepter le message sans autre forme de procès.

Ainsi en 1994, lorsqu'on nous a annoncé que le nuage radioactif de Tchernobyl s'était arrêté aux frontières de la France, peu de gens ont pensé à mettre en doute les paroles des ministres et celles des journalistes qui rapportaient l'affaire. Il a fallu attendre des années pour que l'opinion publique prenne conscience de la manipulation et de ses conséquences. De la même manière, le scandale du sang contaminé était fondé sur la respectabilité de ceux qui savaient mais qui manipulaient en affirmant le contraire.

- Autour de nous, il existe beaucoup de gens respectables et qui sont dignes de l'être, mais il y en a aussi qui nous déçoivent ou qui nous trahissent. Concernant ces derniers, on ne s'en rend compte que lorsqu'il est trop tard. **En effet, hypnotisé par le savoir, la renommée, le statut social ou l'ascendant de quelqu'un, l'on ne songe pas à mettre sa parole en doute.**

  La manipulation par la respectabilité, c'est par exemple une amie que l'on pensait loyale mais qui répète ce qu'on lui avait demandé de taire ; c'est l'associé, le banquier ou le notaire (métiers oh combien respectables), en qui l'on avait placé toute sa confiance et qui nous ruinent en partant subitement avec la caisse. Il s'agit du mari qui trompe sa femme alors qu'elle le croyait fidèle, de l'homme politique qui nous ment pour être réélu, ou de l'honorable journaliste qui déforme ou « bidonne » l'information pour être le premier à en parler.

- Lorsque l'on met à jour la manipulation de quelqu'un de respectable, on ressent une profonde impression d'injustice liée au sentiment de trahison. La déception est à la mesure de la confiance que l'on avait ou du respect que l'on éprouvait pour cette personne. À qui la faute ? Incombe-t-elle toujours à celui que l'on accuse de nous avoir trahis ou bien, sommes-nous en partie responsables, pour avoir fait preuve de trop de naïveté ?

- Le problème posé par les manœuvres d'un manipulateur respectable est complexe car la responsabilité se trouve partagée entre le manipulateur et le manipulé. Même si cela peut sembler étrange (à première vue), c'est un conte d'ANDERSEN, *Les habits de l'empereur*, qui va nous permettre de mettre en lumière ce subtil mécanisme.

8. Comment oser dire *non* ?

Illustration

Il était une fois, il y a fort longtemps et dans un pays très différent du nôtre, un empereur passionné par les vêtements neufs. Afin de plaire à son peuple, il changeait de costumes à chaque occasion et en possédait un pour chaque heure de chacun des jours de l'année.

Un beau jour, deux escrocs qui se disaient tisserands, vinrent le voir et lui affirmèrent qu'ils étaient capables de fabriquer la plus belle étoffe qui soit. Non seulement les coloris et les dessins seraient exceptionnels, mais ce tissu aurait également l'incroyable propriété d'être invisible pour les incompétents et les imbéciles.

Subjugué par les paroles de ces éminents spécialistes l'empereur s'écria : « Quelle merveille ! Je veux et j'exige que vous me fassiez un costume dans cette étoffe. Je pourrai ainsi découvrir qui me sert avec compétence et distinguer les gens intelligents des imbéciles et des prétentieux. Il me sera ainsi bien plus facile de gouverner car je saurai à qui faire confiance. »

Pour conclure le marché, il consentit une avance importante aux tisserands et les aida à s'installer en les exonérant de taxes. Les deux compères établirent leurs métiers à tisser dans un quartier chic de la ville et obtinrent de grandes quantités de soies (la plus fine), des fils d'or et d'argent, ainsi que d'innombrables pierres précieuses, autant de trésors qu'ils entendaient bien conserver. Pour donner le change, ils faisaient semblant de travailler sur leurs machines qui tournaient à vide et restaient fort tard le soir dans leur atelier fermé au public.

Quelque temps après, l'empereur excité et impatient voulu savoir où en était le travail. Il envoya donc son meilleur ministre, en qui il avait toute confiance, afin que celui-ci lui rende compte de l'activité des tisserands. Arrivé sur place, le ministre fut très étonné de constater que les deux tisserands travaillaient sur des métiers vides. Son expérience de la diplomatie lui permit de ne rien laisser paraître et bien que fort troublé, il ne fit aucun commentaire.

Tandis qu'il s'approchait, les deux tisserands lui décrirent ainsi leur travail : « N'est-ce pas merveilleux, regardez ces couleurs, admirez ces ravissants motifs que nous avons créés spécialement pour l'empereur. Qu'en dites-vous, n'est-ce pas absolument somptueux ? »

Le pauvre ministre écarquillait les yeux car il ne voyait rien de ce que les deux escrocs lui décrivaient avec fougue et passion. Il pensait : « Serais-je donc un imbécile ou un incompétent ? C'est impensable ! Personne ne doit savoir et encore moins se douter que je ne vois pas cette étoffe. » Il répondit à haute voix : « Oh ! C'est absolument ravissant, ces couleurs, ces motifs ! Je ne sais comment dire mon admiration. Je vais de ce pas en parler à l'empereur qui sera absolument ravi. Vous pouvez me croire car je suis son plus fidèle serviteur. »

« Voilà qui nous encourage », répondirent les deux tisserands en se regardant sans sourire. Puis ils remirent au ministre de l'empereur un élégant dossier confidentiel pour compléter son information et le raccompagnèrent à la porte avec toute la déférence due à son rang.

Préoccupé par la situation et avant d'aller voir l'empereur, le ministre prit quand même la précaution d'envoyer un de ses conseillers faire une seconde visite aux deux tisserands.

Celui-ci se précipita pour visiter l'atelier et il inspecta minutieusement les métiers à tisser sur lesquels les escrocs tissaient, très assidûment, et bien sûr, toujours sans le moindre fil. « N'est-ce pas là une magnifique étoffe ? » lui demandèrent-ils en lui montrant et en lui expliquant leur invisible ouvrage. « Votre ministre l'a longuement admirée lors de sa dernière visite. »

« Je ne suis pourtant pas un imbécile » se dit le conseiller qui poursuivit : « Mes diplômes prouvent que je ne suis pas un incompétent. Tout cela est bien étrange, mais je ne dois rien en laisser paraître ». Il fit alors l'éloge de ce qu'il ne voyait pas et les félicita chaleureusement pour leur travail. De retour au ministère, il fit son rapport en utilisant habilement les arguments et les mots que les deux tisserands avaient employés pour le convaincre.

Réconforté par ce témoignage, le ministre se rendit alors auprès de l'empereur pour lui dire tout le bien qu'il pensait du travail des deux tisserands. Au sortir du bureau de l'empereur, le ministre fut interviewé par les journalistes ; la rumeur sur la beauté de l'étoffe prit une ampleur démesurée et tout le monde en parlait. L'un affirmait être au courant de l'origine des dessins, un autre avait quelqu'un de sa famille qui connaissait quelqu'un qui avait aperçu le tissu. On faisait même des paris pour savoir quand le vêtement serait fini.

8. Comment oser dire *non* ?

Enfin le grand moment arriva. Les deux escrocs, qui venaient de travailler toute la nuit pour mettre la dernière touche à leur œuvre, entrèrent dans la grande salle d'audience de l'empereur. En présence de tous les dignitaires, ils déshabillèrent l'empereur pour ensuite faire semblant de lui passer ses nouveaux habits neufs. Ils s'exclamèrent : « Sentez comme ces vêtements sont légers, on croirait ne rien avoir sur le corps. Votre majesté est d'une élégance inouïe. On n'a jamais rien vu de pareil ! »

Pendant que l'empereur se tournait et se retournait devant le grand miroir, les courtisans admiratifs commentaient bruyamment la beauté du costume : « Dieu que vous êtes beau, comme ces couleurs vous vont bien ! On n'a jamais vu un aussi beau costume, aussi bien porté. Ces dessins sont splendides ! C'est à la fois classique et révolutionnaire. Croyez-moi c'est vraiment de l'art, on en parlera encore longtemps, et c'est un expert qui vous le dit... »

Personne n'avait de mot trop fort pour clamer son admiration. Il y eut même des femmes qui simulèrent un évanouissement devant tant de beauté. Chacun, désireux de prouver qu'il n'était ni bête ni incompétent, s'efforçait de montrer qu'il voyait les vêtements.

L'enthousiasme était tel, que l'empereur décida de montrer immédiatement cette splendeur au peuple. L'annonce fut faite et le défilé s'organisa en un clin d'œil. Les deux escrocs s'approchèrent du monarque et lui accrochèrent précautionneusement une immense traîne faite du même tissu puis ils se reculèrent humblement sous les applaudissements et les acclamations de l'assistance. Personne ne voulant montrer qu'il ne voyait rien, le cortège s'ébranla et partit à travers la ville. Une foule nombreuse était venue admirer l'évènement. Tout le monde applaudissait. On entendait bien, ça et là, quelques rires, mais ils étaient vite couverts par les « chut ! » scandalisés des bourgeois admiratifs qui se bousculaient au premier rang pour acclamer l'empereur.

Pourtant, une petite voix d'enfant parvint à percer dans ce brouhaha : « Il est tout nu le monsieur, pourquoi est-ce qu'il ne porte pas d'habit ? » Son père qui le portait sur ses épaules s'exclama à son tour : « Écoutez la voix de l'innocence, écoutez ce que vous dit cet enfant ! »

En entendant ces mots l'empereur réalisa ce qui se passait mais il ne voulut rien en montrer. Tout en frissonnant à cause du petit vent frais qui balayait la ville, il se dit : « Cet enfant doit avoir raison, mais il faut que je tienne bon jusqu'à la fin de la procession ». Le cortège impérial poursuivit donc sa route et les ministres continuèrent de porter une traîne qui n'existait pas tandis que des énergumènes chantaient : « Le roi est nu, le roi est nu... »

Heureusement la police veillait et tout rentra rapidement dans l'ordre. Le costume fut entreposé dans un coffre-fort en qualité de trésor national et les deux tisserands se virent attribuer les plus grandes distinctions du pays. Plus tard, on donna même leur nom à une école impériale de tissage.

Tirons ensemble les enseignements de ce conte.

Exercice

Prenez quelques instants pour essayer de déterminer les vrais coupables de cette manipulation. Sont-ce les tisserands ou l'une des victimes de la manipulation ?

Première leçon

La première leçon à tirer de cette histoire est que celui qui a besoin d'être reconnu se place d'autorité sous la coupe de la personne dont il souhaite attirer l'attention. L'empereur cherche l'admiration de ses sujets pour garder son pouvoir le plus longtemps possible. Les ministres et les courtisans copient l'empereur afin d'être remarqués et d'obtenir les meilleurs postes au gouvernement. Enfin, les sujets eux-mêmes veulent montrer qu'ils ne sont pas inférieurs aux grands de ce monde en se comportant comme eux.

La soif de reconnaissance et le besoin d'identification créent une dépendance qui ouvre la porte aux manipulations. Ainsi, les adolescents désireux d'exister par eux-mêmes sont en même temps très sensibles aux comportements de leurs idoles. Ils copient leurs manières de s'habiller, de se coiffer ou de se comporter. Ce mimétisme est un moyen pour eux d'apparaître différents des adultes et de s'opposer à ce qu'ils connaissent du monde qu'ils sont en train de découvrir. Mais si cette contestation de l'ordre établi peut être source de renouvellement, elle place également ces jeunes sous la dépendance manipulatrice des faiseurs d'opinion, des gourous, des sectes et autres gens peu scrupuleux qui savent exploiter leur enthousiasme et leur naïveté.

Plus tard, lorsque les adolescents sont devenus adultes, ils font encore la même chose. Par souci de conformité ou par crainte d'être rejetés de leur communauté, ils continuent à en dupliquer les comportements les plus caractéristiques. Ils obéissent au « politiquement correct » de leur génération, de leur catégorie sociale ou de leur milieu professionnel. Pour être acceptés et reconnus par ceux qu'ils jugent respectables, ils parlent, pensent et consomment comme eux. Ils suivent leurs conseils et se soumettent à leurs lois. Mais par manque de recul, ils deviennent rapidement esclaves du goût des autres et sont, pourrait-on dire, « manipulés à l'insu de leur plein gré ».

Pour éviter d'être et d'agir comme les courtisans de l'empereur, on peut se poser l'une ou l'autre de ces questions : *à qui dois-je plaire ? Je crains quelle opinion ? Quel est mon intérêt à penser comme les autres ? Est-ce que je suis en train de me faire avoir ? Que se passerait-il si je ne pensais pas comme les autres ? Pourquoi est-ce que je veux être admiré ? Que va-t-il se passer si on me rejette ? Existe-t-il d'autres points de vue possibles ?*

Exercice

Après avoir relu le conte, essayez d'imaginer comment chaque manipulé aurait pu ne pas tomber dans le piège des tisserands en se posant l'une ou l'autre des questions ci-dessus.

Deuxième leçon

La deuxième leçon à tirer du conte d'ANDERSEN c'est que la respectabilité se trouve dans *l'imagination* de celui qui s'incline devant les personnes qu'il pense à tort ou à raison être estimables. Le respect ne se doit pas, il se mérite.

La véritable question est : comment reconnaître quelqu'un de vraiment respectable ? Les personnes réellement respectables sont d'un abord facile et agréable. Elles vous donnent l'impression d'être intelligent et de comprendre facilement ce qu'elles vous disent. En les écoutant, on se sent plus grand, plus savant, plus intelligent, plus confiant. Quelqu'un de véritablement respectable écoute ce qu'on lui dit. Il cherche à faire grandir ceux qui l'approchent et s'il estime que quelqu'un lui est supérieur, il cherche à comprendre et à se nourrir de ses connaissances.

À l'inverse, le *manipulateur* respectable rabaisse ceux qui le dépassent et enfonce ceux qui lui sont inférieurs. Par peur du ridicule, on n'ose pas mettre en doute sa parole. Si on le fait, il s'étonne de votre ignorance. Pour lui c'est toujours très simple et évident, mais ses explications n'expliquent rien. Il donne des références sans se soucier de savoir si les autres comprennent ou savent de quoi il s'agit.

Qu'il soit homme politique, journaliste, médecin, avocat ou gourou, il doit commencer par paraître éminemment respectable avant de pouvoir être pris au sérieux. Il compte donc sur son apparence pour impressionner ou escroquer ses victimes et se sert des autres pour se mettre en valeur.

Le manipulateur respectable s'appuie aussi sur l'idée qu'on ne doit pas douter des gens dont le métier est de savoir. Cela fonctionne avec les personnes qui craignent de paraître incultes, frustes ou ignorantes. Les phénomènes de mode et le snobisme reposent également sur la peur de ne pas être comme les autres ou d'adopter un comportement culturellement ou politiquement incorrect.

Exercice

Faites une pause et retrouvez plusieurs situations dans lesquelles un manipulateur vous a manipulé en usant d'une soi-disant respectabilité. Ensuite, répondez à la question suivante : *Qu'est-ce qui vous a le plus impressionné chez lui ?*

Troisième leçon

La troisième leçon à tirer de ce conte, c'est qu'en face de n'importe quelle situation et là où d'autres sont manipulés, on peut adopter un regard d'enfant. Mais avoir un regard d'enfant ne signifie pas être absolument différent des autres. Il ne s'agit pas non plus d'ignorer ou de rejeter les opinions et les avis divergents.

Avoir un regard d'enfant, c'est d'abord et surtout ne pas être conditionné. C'est être capable d'entendre et de tenir compte de ce que disent les autres sans en être dépendant et sans les suivre aveuglément. C'est savoir relativiser ce qu'ils disent afin de se faire une opinion personnelle. C'est être libre dans son jugement, indépendamment de ce que les autres peuvent penser, aussi respectables soient-ils.

Il faut savoir cultiver le doute. Pour prendre du recul et éviter d'être manipulé, voici le genre de questions à se poser : *quel est l'intérêt de cette personne ?*

Que pense-t-il vraiment ? Que cherche-t-il à me faire croire ? Que veut-il que j'en pense ? En quoi cela est-il respectable ? Peut-on imaginer autre chose ? Y a-t-il une autre manière de voir les choses ? Est-ce que c'est vrai ? Comment le vérifier ? Où trouver d'autres sources d'information, d'autres points de vue ?

Exercice

Posez-vous l'une ou l'autre de ces questions après avoir lu un article, avoir écouté la radio ou en regardant le journal télévisé.

En sortant des schémas favoris du *prêt à penser* souvent relié au désir de faire *comme les autres*, on devient capable de voir les choses et les gens comme ils sont et non comme on les imagine ou comme ils se définissent eux-mêmes.

Pour éviter d'être piégé par la respectabilité des notables, des médias, du pouvoir, de ceux qui savent, des sectes, des vendeurs de bonnes idées, des extrémistes et autres donneurs de solutions toutes faites, il faut avoir un regard neuf, capable de passer outre ces illusions et de percevoir la réalité qui se dissimule derrière les apparences.

À retenir

On est souvent piégé en raison du respect que l'on porte (instinctivement) à ceux qui savent. Le problème n'est pas tellement de savoir ou d'oser dire non aux manipulateurs respectables ; il est avant tout nécessaire de savoir les reconnaître pour ne pas être piégé. Celui qui retrouve son regard d'enfant n'est plus impressionné par le jugement ou par l'approbation des autres et il redevient capable de dire « Le roi est nu ».

Comment dire *non* à un manipulateur autoritaire

Le manipulateur autoritaire utilise la force ou la violence pour obtenir ce qu'il souhaite. Ne se sentant pas lui-même suffisamment puissant, il intimide ou cherche à rabaisser l'autre pour être en mesure de mieux lui imposer sa volonté. C'est pour cela qu'on a peur de lui dire *non*.

Le manipulateur autoritaire est un faible et souvent un lâche qui contrôle ses victimes aussi longtemps qu'elles le craignent. La solution n'est pas dans la soumission et encore moins dans la fuite. Il est nécessaire de mieux comprendre comment fonctionne un manipulateur autoritaire afin de ne plus être impressionné par les artifices qu'il emploie pour nous mettre en état d'infériorité.

Une personne autoritaire ne se sent forte qu'aussi longtemps qu'on la craint.

Le constat

Pourquoi se soumet-on à l'autorité ?

Depuis notre plus jeune âge, on nous apprend à nous soumettre aux règles de la vie en société. Lorsque le jeune enfant refuse d'obéir, ses parents élèvent la voix. Ils lui disent qu'il est n'est pas gentil, qu'il leur fait de la peine ou qu'ils ne l'aiment plus. Lorsque cela ne suffit pas, ils prennent des sanctions. Le résultat est que l'enfant découvre rapidement les dangers qu'il y a à désobéir et il les assimile à un possible rejet. Il se répète sans cesse : « Si je ne fais pas ce que mes parents me demandent, ils ne vont plus m'aimer ». Il comprend rapidement qu'en obéissant il fait plaisir et qu'en désobéissant il se fait réprimander (ce qui pour lui est synonyme de rejet).

Pour être aimé, l'enfant accepte donc les interdits qu'on lui impose jusqu'à ce qu'il les transgresse et se sente ainsi coupable de trahison envers ceux qui ont posé ces interdits. Mais il découvre également que si obéir signifie faire plaisir à l'autre, désobéir c'est aussi satisfaire ses envies et ses désirs : « J'ai envie de manger de la confiture et cela me fait plaisir. Mais je sais bien que je risque de me faire gronder parce que c'est interdit. »

C'est ainsi, qu'au fil du temps et des désobéissances, il se sent de plus en plus coupable de laisser libre cours à ses désirs et de se faire plaisir. Lorsque la désobéissance génère (de façon quasi systématique) un profond sentiment de culpabilité, il devient très difficile de désobéir, de s'opposer, de dire *non* à quelqu'un ou d'enfreindre la règle.

8. Comment oser dire *non* ?

À la maison, puis à l'école, la volonté ou les désirs des autres s'imposent à lui et restreignent sa liberté. En prenant inconsciemment l'habitude d'accepter les interdits et de se soumettre à l'autorité des autres, il lui est de plus en plus difficile de se faire plaisir, d'oser s'affirmer et de s'opposer à l'autorité abusive.

Le mécanisme de l'obéissance fonctionne parce que l'on veut être aimé, parce que l'on refuse d'être rejeté ou parce qu'on ne veut ne pas sentir coupable.

Pour résister

La manipulation autoritaire fonctionne aussi longtemps qu'on se laisse faire et qu'on a peur de réagir. À partir du moment où l'on comprend sur quels éléments repose cette manipulation, il devient possible de faire quelque chose et d'agir efficacement.

Si vous subissez une manipulation autoritaire, commencez par chercher quelle est la nature du mécanisme en question. Il s'agit, soit d'un besoin de reconnaissance, soit de la crainte d'éprouver un sentiment de culpabilité.

Besoin de reconnaissance

Si vous ne parvenez pas à vous défendre d'une manipulation autoritaire, prenez quelques instants pour chercher ce qui vous paralyse. Est-ce que vous obéissez parce que vous avez besoin d'être reconnu, aimé ou apprécié par le manipulateur ou craignez-vous qu'il ne vous rejette si vous ne faites pas à ce qu'il vous demande ?

Lorsque vous avez isolé le désir ou la crainte qui vous oblige à vous soumettre, observez si l'estime, l'amitié ou l'amour de cette personne mérite que vous subissiez tous ces ennuis.

Pour vous aider à procéder à cette évaluation, faites une liste des avantages et des inconvénients qu'il y a à vous laisser faire. Cette recherche est terminée dès que vous vous sentez libre de passer à l'action.

Culpabilité

Si vous ne vous sentez pas le droit de vous défendre ou si vous vous sentez coupable à l'idée de désobéir, prenez le temps de réfléchir à la valeur de cette culpabilité. Cherchez le message inconscient qui vous dit de ne pas réagir, il s'agit peut-être de quelque chose d'anodin : « On ne répond pas aux grandes personnes... On doit obéir à son chef... Une femme doit suivre son mari... Il est plus savant que moi... S'il le dit c'est que c'est vrai... Il ne faut pas penser à soi... Il faut toujours suivre le règlement... Je ne dois pas être égoïste... Il faut se sacrifier pour les autres... »

Lorsque vous avez découvert une ou plusieurs injonctions demandez-vous : « Qui a dit cela ? Qu'est-ce qui prouve que c'est vrai ? Pourquoi devrais-je continuer à y croire ? »

Continuez ce travail d'investigation jusqu'à vous sentir libéré de cette soi-disant culpabilité.

Laissons le passé à sa place ! On est souvent plus intimidé par le souvenir de personnes autoritaires que par l'interlocuteur présent en face de nous. Dans ce genre de situation, on n'ose pas se défendre parce que le manipulateur nous rappelle quelqu'un qui nous a fortement perturbés lorsque nous étions plus jeunes et impressionnables. Par exemple, ce peut être le souvenir d'un parent très exigeant, d'un enseignant dur et autoritaire ou de n'importe qui d'autre qui nous intimidait ou nous terrorisait lorsque nous étions enfants.

Exercice

Comparez pour vous libérer ! Repensez à une manipulation autoritaire récente.

Cherchez à qui ce manipulateur autoritaire vous fait penser, puis notez les ressemblances entre le manipulateur d'aujourd'hui et celui d'hier. Pour finir précisez leurs différences.

Cette recherche est intéressante car en sachant faire la différence entre le passé et le présent, on se libère du poids de ses souvenirs, on ne se bat plus contre des ombres. En réalisant clairement la situation présente et en percevant le manipulateur tel qu'il est (au moment présent), l'on est de moins en moins victime de ses habitudes et de plus en plus capable de réagir correctement.

8. Comment oser dire *non* ?

Dépassons la peur du conflit ! S'opposer à l'autorité qu'elle soit manipulatrice ou non c'est se sentir coupable de désobéir et c'est aussi courir le risque de contrarier ou d'irriter l'autre. En craignant le conflit on ne fait que placer un atout supplémentaire entre les mains du manipulateur autoritaire.

Pour dépasser cette peur du conflit ou pour apprendre à ne plus avoir peur de désobéir, commençons par évaluer correctement les risques.

Exercice

Qu'est-ce que je risque vraiment ? Après avoir observé clairement une manipulation autoritaire répondez à ces questions (liste non exhaustive) :

- **Que va-t-il m'arriver si je m'oppose vraiment à un personnage autoritaire ?**
- **Que va-t-il se passer si je n'obéis pas ?**
- **Au pire, que peut-il m'arriver ?**
- **Qu'est-ce qui me le prouve ?**
- **Si le pire devait se produire, comment l'éviter ou limiter les dégâts ?**
- **Puis-je être vraiment sûr de ce qui va se passer ?**
- **En quoi cette situation est-elle différente de toutes les autres ?**
- **Si cela s'est déjà produit dans le passé, cela doit-il se reproduire nécessairement cette fois-ci ?**

Si la manipulation autoritaire fonctionne, c'est parce que les victimes ne peuvent pas ou n'osent pas se défendre. Aussi longtemps qu'elles n'arrivent pas à s'affirmer et qu'elles acceptent de se laisser dominer, elles seront contrôlées par le manipulateur.

Il faut donc commencer par se respecter soi-même pour que les autres nous respectent aussi. Reconquérir le droit légitime de penser et de dire non, c'est s'autoriser à s'affirmer, à exister, à être.

Exercice

Retrouvons notre propre légitimité ! Après avoir identifié un manipulateur autoritaire, posez-vous les questions suivantes (liste non exhaustive) :

- Pourquoi suis-je obligé de le croire sans réfléchir ?
- Dans ce cas présent, est-ce que je suis vraiment obligé de lui obéir ?
- Comment faire autrement ?
- Pourquoi est-ce que je tremble devant lui ?
- Pourquoi suis-je obligé de faire ce qu'il me dit ?
- Comment voir les choses autrement ?
- En quoi m'est-il vraiment supérieur ?
- Est-ce raisonnable de le craindre au point de ne rien dire ?
- Ai-je le droit d'avoir un point de vue différent ?
- En quoi mon point de vue est-il moins respectable que le sien ?
- C'est ce qu'il dit, mais a-t-il vraiment raison ?
- Quelle attitude faut-il adopter ?

À retenir

S'opposer à une manipulation autoritaire c'est, dans une certaine mesure, être capable de dire non aux vieux réflexes du passé (notamment ceux de son enfance et de son éducation). Mais c'est aussi dépasser la peur du conflit et regarder le monde avec des yeux d'enfant. Avant d'être en mesure de dire non à un manipulateur autoritaire, il faut retrouver suffisamment de légitimité pour se donner le droit d'exister, de penser par soi-même, d'exprimer son propre point de vue...

L'essentiel de ce chapitre

- **D'une manière générale**, on n'arrive pas à dire *non* par crainte de l'autorité, par culpabilité, pour être aimé, accepté, apprécié et aussi par peur d'être rejeté.
- **On n'arrive pas à dire *non* à un manipulateur charmeur** aussi longtemps qu'on est hypnotisé par ce qui nous attire en lui. En cherchant et en découvrant son but caché on brise l'envoûtement et on échappe à ses manœuvres.
- **On n'ose pas dire *non* à un manipulateur culpabilisateur** précisément parce qu'il nous culpabilise. Pour ne plus subir son chantage il est donc important de faire le point sur ce qu'on lui doit réellement (au propre comme au figuré).
- **On ne pense même pas à dire *non* à un manipulateur respectable** parce qu'on est aveuglé par son prestige. C'est pourquoi il faut cultiver le doute, prendre du recul et retrouver son regard d'enfant.
- **On craint de dire *non* à un manipulateur autoritaire** tant qu'il parvient à nous faire croire qu'il est plus puissant que nous. Si nous n'avons plus peur, il perd tout pouvoir.
- **Pour arriver à dire *non***, il faut laisser le passé à sa place, dépasser ses vieux réflexes de peur ou de culpabilité et retrouver une légitimité à penser et à vivre par soi-même.

Chapitre 9

Les outils pour dire *non*

Avec ce chapitre, nous présentons un certain nombre d'outils pour aider le lecteur à mieux faire face aux différentes manipulations. Ce sont des armes utiles et vraiment valables pour celui qui a compris les mécanismes de la manipulation et qui a également surmonté les blocages et ses craintes (à s'opposer).

Quel que soit le type de manipulation rencontrée, pour savoir dire *non* à un manipulateur, il existe un certain nombre de principes à respecter, au moment voulu et dans l'ordre qui vous conviendra le mieux.

Les outils de l'analyse

Cadrer la situation

Avant toute chose, il faut commencer par bien comprendre ce qui se passe. Pour cela on se pose un certain nombre de questions : *de quoi s'agit-il ? Qu'est-ce qui se passe ? Quel est le problème ?*

La situation est bien cadrée lorsque l'on est en mesure de répondre clairement et d'adopter une formulation précise : *il veut que je lui donne... Il essaye de... Il voudrait que...*

S'interroger de cette manière évite de s'égarer sur de mauvaises pistes et de se perdre dans des problèmes qui n'existent pas ou qui ne nous concernent pas. Bien des gens s'infligent des peines inutiles en s'appropriant les problèmes des autres ou en voulant apporter des réponses que personnes n'exige.

Exercice

Retrouvez une situation dans laquelle vous avez apporté de l'aide à quelqu'un qui ne vous avait rien demandé et voyez comment cela s'est ensuite retourné contre vous.

Identifier le type de manipulation

Ce travail constitue une étape importante pour éviter le piège de la manipulation ou pour en sortir. En effet, en prenant le temps de se demander si l'on est en présence d'un manipulateur charmeur, culpabilisateur, respectable ou autoritaire, l'on prend du recul par rapport à la situation, l'on acquiert davantage d'assurance et l'on se laisse moins manœuvrer.

Après avoir découvert qu'il s'agit d'un manipulateur charmeur on est davantage sur ses gardes car on sait qu'il est difficile de lui refuser ce qu'il demande. Cette prise de conscience nous évite de tomber dans le piège qu'il nous tend ou nous prépare à en sortir.

Après avoir identifié un manipulateur culpabilisateur, l'on va penser à mettre en balance ce qu'il dit nous avoir donné avec ce qu'il nous demande. Nous serons également moins démunis face à ses attaques et saurons mieux nous défendre.

En démasquant un manipulateur respectable qui mise sur notre éblouissement en sa présence, on le voit d'un autre œil et on l'écoute différemment. Si nous renonçons à l'état de victime bêlante, nous retrouverons un regard d'enfant pour mieux deviner ses intentions et déjouer ses manœuvres.

Enfin, en comprenant que l'on est face à un manipulateur autoritaire, on devient moins accessible à ses manœuvres. On a conscience de ses tentatives pour nous impressionner en jouant sur ce vieux désir d'être aimé, sur notre sens de l'obéissance et sur le sentiment de culpabilité que l'on pourrait éprouver en refusant d'obéir.

En identifiant un manipulateur pour ce qu'il est, on court moins le risque d'être victime de ses manœuvres et en conséquence, l'on peut organiser ses défenses. Il n'est jamais trop tard pour procéder à cette identification, mais plus on agit rapidement, moins on se fait prendre.

Faire le point

Lorsque vous vous sentez manipulé ou pour éclaircir tout malentendu, il faut vérifier régulièrement si l'on a correctement saisi la nature de la demande du manipulateur. Pour cela, il suffit de lui dire ce que l'on pense avoir compris et lui demander ensuite si c'est bien de cela dont il s'agit.

Vous avez l'impression qu'un ami vous invite, sans vous dire clairement que c'est pour l'aider à faire des réparations. Pour en être certain, vous pouvez lui dire : « Si je comprends bien, tu souhaites que je vienne chez toi pour profiter de la campagne, mais aussi pour t'aider à faire des travaux. » D'une manière ou d'une autre il sera obligé de répondre clairement et vous serez fixé sur la manipulation.

En faisant le point sur ce qui est confus, vous n'êtes plus piégé et vous pouvez répondre à une demande que le manipulateur n'avait jamais formulée clairement. Maintenant, vous pouvez exprimer votre refus en toute légitimité et sans trace de culpabilité.

Un manipulateur type II essaie de vous vendre une police d'assurance : « Si je comprends bien, vous me proposez de prendre cette police d'assurance qui me protège de telle et telle chose, alors que je suis déjà couvert par un autre contrat. » Gêné, il est obligé de répondre : « Oui... mais, avec mon contrat... »

Sans lui laisser le temps de continuer vous pouvez alors lui dire : « Bien, je vous remercie, je vois qu'on s'est bien compris et qu'il n'y a rien d'autre à ajouter. Au revoir et merci ! »

Là encore la confiance retrouvée grâce à la mise au point permet de mettre un terme à la manipulation et de clore l'entretien sans éprouver de culpabilité.

Après une longue conversation qui a permis à Mathilde de faire le point avec un manipulateur charmeur (mais très macho) qui lui propose de l'épouser, elle peut lui dire avec assurance : « Si je comprends bien tu veux m'épouser pour que je vienne vivre chez toi pour m'occuper de ton chat quand tu n'es pas là et aussi pour faire le ménage, la cuisine et la vaisselle. Crois-tu vraiment que c'est cela que j'attends de la vie ? »

La plupart des manipulations reposent sur des demandes mal formulées. En vérifiant, avec le manipulateur, que vous avez bien compris ce qu'il vous demandait (plus ou moins clairement), vous n'êtes plus sous influence et vous retrouvez votre assurance ainsi que votre capacité à lui dire *non*.

Les outils du refus

Exprimer sereinement son refus

Dire son désaccord ou exprimer son point de vue n'est pas toujours chose aisée. Certains préfèrent fuir les problèmes, même si, à la longue, cela les dévalorise car chaque nouvelle fuite équivaut, à leurs yeux, à une preuve supplémentaire de leur incapacité à résoudre les problèmes.

Lorsqu'ils sont confrontés à une manipulation, d'autres choisissent d'attaquer l'adversaire. Ils se ferment, leurs traits se durcissent et ils se montrent hostiles et menaçants ; ou, au contraire, ils arborent un sourire ironique ; à moins qu'ils n'affichent des mimiques signifiant le mépris ou la désapprobation. C'est effectivement une manière de montrer que l'on n'est pas dupe et qu'on ne veut pas se laisser faire. Mais en même temps, cette attitude indique que l'on est fragile et donc pas très sûr de soi.

Les comportements agressifs révèlent une peur latente, un certain désir de revanche ou un degré plus ou moins élevé de frustration. Toute chose qu'un manipulateur habile saura exploiter.

9. Les outils pour dire *non*

Plutôt que la fuite ou l'attaque, il existe une manière plus efficace de s'affirmer et de défendre ses droits sans susciter d'hostilité. C'est ce que l'on appelle **l'affirmation sereine.**

L'affirmation sereine

Cette dernière implique d'être authentique et de ne pas dissimuler ses sentiments, tout en ne se laissant pas marcher sur les pieds. S'affirmer sereinement, c'est également jouer cartes sur tables ; c'est être à l'aise et rechercher un terrain d'entente, tout en maîtrisant son environnement. Cette technique est particulièrement adaptée pour lutter contre les manipulateurs de type II lorsque l'on estime que les manipulateurs sont réceptifs à l'intelligence et à la compréhension des choses.

Une technique comprenant plusieurs étapes

Une phase préparatoire : avant toute chose, il faut commencer par réfléchir pour découvrir et comprendre les motivations du manipulateur ainsi que le bénéfice (souvent caché) qu'il cherche à tirer de sa manipulation. Cela peut aussi se faire très simplement et rapidement.

Une deuxième phase correspondant à la rencontre avec le manipulateur :

- **décrivez-lui la situation** qu'il vous fait vivre, ou son comportement à votre égard, en utilisant des termes aussi précis et objectifs que possible et surtout en évitant d'être accusateur ou culpabilisateur ;
- **évoquez avec lui les conséquences** matérielles ou émotionnelles (stress, fatigue...) de sa manipulation et les bouleversements que cela engendre dans votre existence ; faites-lui part de vos sentiments, de vos préoccupations et de vos critiques ; il s'agit de parler de vous et de ce qui vous arrive, pas de lui (voir le message « Je » page suivante) ;
- **suggérez une solution**, une modification réaliste ou un compromis qui pourrait mettre un terme à ce désagrément ;
- **intéressez-le** en lui montrant les effets positifs qu'il pourrait en retirer ou qui vous permettraient (à lui comme à vous) de trouver ce qui lui manque.

Agnès accompagne volontiers sa voisine âgée faire des courses au supermarché. Malheureusement, celle-ci abuse de la situation et lui demande de la conduire dès qu'elle en a besoin. Agnès a bien compris le problème et souhaite à la fois rendre service et ne pas se laisser envahir ; en conséquence, elle lui dit : « Quand tu me demandes de t'emmener faire des courses, cela ne me dérange pas de le faire quand j'ai moi-même besoin de m'y rendre. Par contre, quand tu me demandes ce service, alors que je suis allée faire mes courses la veille, cela me pose un problème parce que tu sais que je suis très occupée avec les enfants. Est-ce qu'il serait possible qu'on s'entende pour y aller au même moment, comme ça, tu saurais à l'avance quand je peux t'emmener et moi je te conduirais avec plaisir. »

Analysons cet exemple :

La première phrase de ce dialogue décrit la situation : « Quand tu me demandes de t'emmener faire des courses, cela ne me dérange pas de le faire quand j'ai moi-même besoin de m'y rendre... »

La deuxième phrase révèle les conséquences négatives générées par la situation : « Par contre, quand tu me demandes ce service, alors que je suis allée faire mes courses la veille, cela me pose un problème parce que tu sais que je suis très occupée avec les enfants... »

La dernière réplique suggère une solution : « Est-ce qu'il serait possible qu'on s'entende pour y aller au même moment... » Mais elle vise aussi à intéresser le manipulateur pour qu'il ait envie, lui aussi, de choisir cette solution : «... comme ça, tu saurais à l'avance quand je peux t'emmener et moi je te conduirais avec plaisir. »

Le message « Je »

En disant à un fumeur « Va dehors **tu** nous enfumes ! » on risque de créer un conflit car son but n'est pas de nous enfumer mais de se détendre en fumant. Il y a donc de grandes chances pour qu'il se sente agressé par notre demande qui équivaut, pour lui, à une accusation mensongère.

Par contre, les choses se passeront beaucoup mieux si on sait lui dire : « Je comprends bien que tu aies envie de fumer, mais cela me donne mal à la tête. Est-ce qu'il te serait possible de fumer en dehors de cette pièce où je dois travailler ? »

Cette deuxième manière de formuler les choses s'appelle un message ***Je***. Elle prend en compte le besoin de celui qui nous gêne et l'amène à changer d'attitude plus facilement en lui faisant découvrir ce qu'il nous fait involontairement subir.

En disant à quelqu'un : « Arrête de faire ceci, tu m'agaces » ou « Parle moins fort tu me déranges ? » on lui adresse un message ***tu***. On l'accuse et on le rend coupable de ce que nous sommes en train de vivre.

Le message ***tu*** *tue* la communication car il est souvent ressenti comme un blâme, une humiliation, une critique ou un rejet. Dire à quelqu'un qui tapote son stylo sur la table : « Arrête tu m'agaces » communique à la fois un certain manque de respect et entraîne souvent des représailles.

Par contre, si on lui dit : « Lorsque tu fais ce petit bruit en tapotant sur la table, cela m'empêche de me concentrer ; est-ce que tu pourrais arrêter pour que je fasse mon travail », on émet un message ***Je*** qui respecte les formes de l'affirmation sereine décrite plus haut. À partir de là, il y a fort à parier que le perturbateur s'arrête instantanément en disant *« Oh pardon, excuse-moi ! »*

Cela ne serait certainement pas arrivé si on lui avait dit d'une voix courroucée : « Arrête de m'agacer, tu ne vois pas que je travaille ! ». En général, les messages ***tu*** atteignent rarement le but que l'on espérait.

Lorsqu'un message ***Je*** est correctement formulé, il est perçu par son destinataire comme un appel à l'aide. Il lui communique également qu'on a compris son problème, ce qui l'invite, à son tour, à porter davantage d'attention à nos préoccupations. Le message ***Je*** dissipe les réactions émotionnelles et prépare le terrain au changement. En reformulant un reproche pour en faire un souhait, le message ***Je*** reflète les sentiments non verbaux et permet d'éclaircir ce qui était flou.

Répondre vite et bien

Une autre règle importante pour bien savoir dire *non* à un manipulateur de type II est de lui répondre vite et bien.

Pourquoi répondre vite ?

Plus on tarde à dire *non* à un manipulateur, plus celui-ci se sent fort. En n'osant pas répondre on lui donne l'impression d'être faible. Il peut aussi interpréter notre silence comme une hésitation. Alors, il va gagner encore en assurance, développer de nouveaux arguments pour mieux nous convaincre ou nous embrouiller davantage. En ne répondant pas ou trop lentement, on perd tout crédit aux yeux du manipulateur qui continuera à se jouer de nous.

Comment répondre bien ?

Cette question est intéressante car il s'agit de savoir comment doser la puissance de notre réponse. En répondant par exemple trop violemment à un manipulateur autoritaire, on risque de l'exciter davantage et d'être écrasé par sa fureur. Mais à l'inverse, si l'on répond trop faiblement, on ne paraîtra pas crédible et il ne tiendra pas compte de notre opposition. Alors, comment trouver la juste mesure ?

Comme bien souvent, la réponse va nous être donnée par celui-là même qui nous pose le problème. En effet, lorsqu'on subit une attaque manipulatoire, le plus sûr est de répondre avec une puissance correspondant à 90 % de la sienne.

Si quelqu'un crie, ne criez pas plus fort que lui car vous savez déjà que cela ne sert pas à grand-chose. Vous pouvez essayer de parler calmement, cela marche parfois, mais pas avec un manipulateur qui en profitera pour mieux vous impressionner. Par contre, si vous répondez sur le même ton, avec une voix suffisamment forte et ferme, bien que légèrement inférieure à la sienne, il va vous prêter attention et se dire « Voilà quelqu'un qui ne se laisse pas faire ; il vaudrait mieux que je me méfie de lui. »

En répondant vite et bien, avec confiance et assurance, vous lui montrez que vous vous sentez fort, que vous n'avez pas peur de lui, que vous savez vous défendre et que vous êtes prêt à le faire. En un mot, vous lui paraissez potentiellement dangereux et si cela vous paraît souhaitable, il sera éventuellement prêt à négocier quelque chose avec vous.

Répondre vite et bien ne s'improvise pas et s'apprend au fil des expériences. Faites des phrases courtes, restez dans le flou, vous n'avez pas à vous justifier d'avoir un avis différent du sien. Restez poli, ne soyez pas agressif, faites de l'humour, mais surtout évitez de rentrer dans le jeu du manipulateur en poursuivant inutilement la discussion.

Pour bien répondre il faut savoir montrer suffisamment de force pour être entendu, mais sans exagérer, de manière à être respecté sans être craint.

Répondre vite et bien n'est pas une technique utilisable à la demande. Tout dépend du manipulateur et des circonstances. Plus qu'un outil, c'est un état d'esprit qui permet (en répondant vite et avec une puissance légèrement en dessous de celle du manipulateur) d'inventer les réponses adaptées à l'instant où l'on en a besoin.

Le refus limité

Lorsqu'on nous demande quelque chose, on n'est pas obligé d'accepter ou de refuser en bloc. Il y a toujours des choses que l'on peut accepter et d'autres que l'on peut refuser.

Un ami me demande de lui prêter une somme d'argent parce qu'il est à découvert et que son banquier l'appelle tous les jours. Au lieu de lui dire non je peux lui faire la proposition suivante : « Je comprends bien que tu aies besoin de cet argent et je veux bien t'aider, mais uniquement pour trois mois car après j'en ai besoin pour payer mes impôts. Si tu ne me les rendais pas à temps, c'est moi qui serais dans la situation dans laquelle tu te trouves. Voilà ce que je peux faire pour toi. Maintenant c'est à toi de voir. »

Les règles du refus limité.

Reformulez la demande du manipulateur comme vous l'avez comprise : « Si je comprends bien tu voudrais que je... » En aucun cas il ne doit s'agir d'un jugement mais simplement de vérifier que lui et vous parlez bien de la même chose. Cela a également pour mérite d'éliminer les sous-entendus et les non-dits.

Exprimez le refus partiel en commençant par l'aspect positif qui sera ensuite légitimé par vos restrictions : « Je veux bien mais... Je suis d'accord à condition que... » Pour le manipulateur, le refus partiel est plus proche d'une acceptation pure et simple que d'un refus.

Placez le manipulateur au pied du mur en lui demandant de répondre à ***votre*** proposition : « Qu'en penses-tu ? Voilà ce que je peux faire, à toi de voir ! Maintenant c'est toi qui décides... »

L'objectif du refus limité n'est pas de vaincre le manipulateur. Lorsque cela est possible, il s'agit de faire en sorte que chacun y trouve avantage sans que l'autre se sente lésé. C'est ce que l'on appelle une opération gagnant gagnant.

Les dix commandements

Toutes les étapes précédentes sont indispensables. La plupart du temps, elles suffisent à mettre un terme aux petites manipulations. Mais il arrive aussi que le manipulateur revienne à la charge.

Par exemple, un manipulateur charmeur à qui vous venez de dire *non* peut se transformer en culpabilisateur en vous rétorquant : « Moi qui te prenais pour un ami, tu n'as aucun cœur, on ne peut pas compter sur toi ! » S'il voit que ça marche, il va continuer à vous culpabiliser jusqu'à ce qu'il obtienne ce qu'il souhaite. Mais si vous tenez bon et légitimez votre refus en lui répondant par exemple : « Tu peux voir les choses comme ça, mais moi je les vois autrement ! » vous finirez par gagner. Vous avez affirmé votre droit à penser et à raisonner par vous-même au lieu de résonner à la pensée des autres.

Plus on est sûr de soi, plus on est confiant dans la légitimité de son point de vue, plus on peut s'opposer et dire facilement ce que l'on pense. Cette assurance va obliger le manipulateur à nous respecter, à nous craindre secrètement, voire carrément à nous éviter. C'est cette indifférence à ce qu'il peut dire ou faire qui va finir par le décourager lorsque nous arrivons à adopter cette attitude suffisamment longtemps.

Pour faciliter cette légitimité et pour être moins vulnérable à la culpabilisation qui est l'arme commune à tous les manipulateurs, voici les principaux droits qu'il est bon de connaître et de relire régulièrement.

Les dix commandements pour devenir indifférent à la manipulation :

- j'ai le droit de ne pas être parfait ;
- j'ai le droit de ne pas être logique ;
- j'ai le droit de ne pas savoir ;
- j'ai le droit de me tromper ;
- j'ai le droit d'avoir mon opinion personnelle ;
- j'ai le droit de ne pas plaire à tout le monde ;
- j'ai le droit d'être parfois indifférent à certains problèmes ;
- j'ai le droit de changer d'avis ou de ne pas en avoir ;
- j'ai le droit de ne pas me justifier ;
- j'ai le droit de penser à moi.

Exercice

Continuez cette liste en y ajoutant tous les droits que vous n'osez pas vous accorder ou que vous avez envie de revendiquer. Affichez cette liste ou simplement les dix commandements dans un endroit où vous êtes sûr de pouvoir les relire tous les jours.

Ainsi, deviendrez-vous de plus en plus indifférent aux arguments des manipulateurs.

Inventer de nouvelles armes

Pour trouver la force et les moyens de se battre contre une manipulation, on peut imaginer comment agirait quelqu'un d'autre à notre place. Peu importe la personne, l'essentiel est de trouver et d'utiliser un autre point de vue qui va nous permettre à la fois d'échapper à nos réflexes de soumission et d'imaginer d'autres solutions.

Exercice

Retrouvez une situation de manipulation autoritaire et demandez-vous : *dans cette situation, qui saurait bien se défendre contre le manipulateur ? Que dirait-il ? Que ferait-il ?*

La réponse peut être une personne (son supérieur, sa femme, ou telle autre personne qui saurait lui résister), ou un concept d'autorité supérieure comme un avocat, un chef, un policier, une infirmière, un gangster, ou n'importe qui d'autre qui, d'après vous, pourrait dominer le manipulateur sans problème. Dans tous les cas, imaginez ce que cette personne (réelle ou non) pourrait dire ou faire pour maîtriser le manipulateur. Ces informations sont précieuses car elles réveillent en vous des talents et des ressources insoupçonnés.

9. Les outils pour dire *non*

L'essentiel de ce chapitre

- **Contredire un manipulateur n'est pas chose aisée.** En général, c'est un expert de la manipulation qui a beaucoup plus d'expérience que vous. Il saura souvent vous répondre du tac au tac, il trouvera d'autres arguments pour vous choquer, vous agacer, vous irriter ou vous faire perdre vos moyens pour mieux se jouer de vous. C'est pour cela qu'en cherchant à le contrer il ne faut pas perdre de vue que votre but est de lui répondre comme si vous restiez indifférent à ses attaques.
- À la limite, même si vous n'êtes pas très sûr de vous et que votre cœur bat très fort en lui tenant tête, vous devez persévérer et paraître assuré. **L'essentiel c'est qu'il pense que vous êtes sûr de vous et de votre légitimité.** Si vous pensez être dans votre bon droit, si vous ne trichez pas avec vous-même et que vous gardez votre calme, les mots seront justes et simples à utiliser. Si vous avez un doute ou une hésitation concernant votre confiance en vous ou si vous commencez à vous sentir coupable de quelque chose, relisez les dix commandements. Relisez également la première partie de ce livre pour mieux comprendre tous les ressorts de la manipulation.
- **Si vous n'osez ou n'arrivez plus à vous opposer légitimement**, refaites les exercices spécifiques du chapitre 8 (se rapportant au type de manipulation dont vous êtes victime) jusqu'à vous sentir plus sûr de vous. Rappelez-vous aussi qu'à chaque fois que vous n'arrivez plus à dire *non* à la manipulation, cet échec vous rapproche un peu plus du moment où vous réussirez à vous affirmer en toute sérénité.
- **Pour exprimer sereinement son point de vue ou un refus**, il faut d'abord comprendre et identifier la manipulation. Il est alors nécessaire de savoir répondre vite et bien en évitant les messages ***tu*** et en favorisant les messages ***Je***. On peut aussi opposer un refus limité et inventer de nouvelles armes en utilisant d'autres points de vue que le sien. L'essentiel est de ne pas oublier les dix commandements pour parvenir à demeurer indifférent face aux manipulateurs.

Partie III

La manipulation Malveillante (type III)

Chapitre 10

Identifier la manipulation de type III

Avez-vous déjà ressenti un brusque manque de confiance en vous ou pire, cette curieuse et angoissante impression de ne plus savoir communiquer ? Avez-vous déjà été sourdement rongé par le doute concernant vos compétences ou vos qualités ? N'avez-vous jamais été habité par ce sentiment d'infériorité qui vous paralyse, qui vous glace le sang et vous empêche de réagir normalement ? Si vous avez déjà vécu ce genre de situation, c'est que vous avez été victime d'une manipulation type III et placé dans la ligne de mire d'un manipula*tueur*.

On se souvient que le deuxième type de manipulateur est un égoïste ou un égocentrique qui ne pense qu'à ses intérêts, sans se soucier des conséquences. Mais le manipulateur type III, que l'on appelle aussi le manipula*tueur*, a une intention caractéristique tout à fait différente. Son objectif unique est de détruire. **Tout ce qu'il entreprend est destiné à vous abattre, à ruiner ce que vous faites, ou à détruire un aspect de votre personnalité qui ne lui convient pas.**

Le manipula*tueur* se caractérise à la fois par sa volonté de nuire et par une redoutable aptitude à dissimuler. C'est pourquoi beaucoup de gens ne se méfient pas de lui ou le prennent pour un autre.

Le manipula*tueur* n'affiche pas de signes distinctifs et sa perversité ne se lit pas forcément sur son visage. C'est un véritable caméléon qui se cache derrière des apparences trompeuses pour mieux détruire. Il peut prendre l'apparence d'un parent « surprotecteur » qui, par égoïsme, empêche son enfant de devenir autonome ou celle d'une gentille grand-mère qui, en cachette, donne de l'argent à sa petite fille qui est en cure de désintoxication pour, soi-disant, « l'aider à tenir le coup ». Ce peut être aussi une maîtresse, un amant, un patron, le voisin, un enseignant ou une amie de longue date. Dans le climat feutré des bureaux, c'est le collaborateur prêt à tout pour prendre votre place ou cette collègue qui cherche à vous dévaloriser parce que votre compétence lui fait de l'ombre.

Son intention est de détruire. Parfois, il arrive que cela lui rapporte quelque chose, mais, dans ce cas, ce sont des bénéfices secondaires car ce qu'il vise essentiellement c'est la destruction de ce que vous êtes, de ce que vous faites ou de l'un ou de l'autre de vos comportements.

Illustration

C'est à travers trois situations et deux témoignages que nous nous proposons de rendre compte de l'activité nuisible d'un manipulateur type III.

- **Cet homme** voulait à tout prix que son fils Jean lui succède en devenant lui aussi médecin. Lorsque Jean lui a annoncé son désir d'abandonner ses études pour devenir musicien, son père a tout fait pour briser ce rêve et faire revenir son fils dans ce qu'il estimait être le droit chemin. **Il était persuadé d'avoir raison en cherchant à détruire cette vocation.** *« Je fais ça pour ton bien, tu me remercieras plus tard »* lui disait-il alors. Mais ce qu'il a fait endurer à son fils était un véritable calvaire qui a presque poussé Jean au suicide, tant celui-ci se sentait rejeté, dévalorisé, ridiculisé, humilié et désavoué au plus profond de lui-même.
- **Ce mari** rabaisse insidieusement sa femme Christelle pour qu'elle reste à la maison. Il n'a rien contre elle. Simplement, il ne veut pas qu'elle prenne son indépendance parce que ça ne se fait pas dans la famille et qu'il gagne assez pour qu'elle soit heureuse. **Comme elle n'est pas d'accord, il va tout faire pour lui prouver (en la rabaissant et en l'humiliant) qu'elle est incapable de se passer de lui.** De son point de vue, il pense agir justement et dans l'intérêt de son épouse. Mais on imagine aisément que Christelle ne voit pas les choses de la même manière.
- **Ce chef de service**, qui brime et dévalorise une collaboratrice plus performante que lui, n'éprouve pas obligatoirement de haine particulière contre cette personne. Il cherche simplement à la briser parce qu'il se sent en danger et que le seul moyen dont il dispose pour défendre sa propre médiocrité est de la rabaisser, de la diminuer, ou de la mettre « au placard » pour qu'elle ne le dépasse pas et qu'elle reste sagement à ce qu'il estime être sa place. **Il détruit ce qui lui semble être une menace qui pour-**

rait l'empêcher de continuer à dominer la situation. En retour, la collaboratrice pourra parler de harcèlement moral.

Le manipulateur type III est un faible qui, lorsqu'il se sent en danger, cherche à diminuer les autres. Il avance masqué. Là où quelqu'un de normal essaierait de se dépasser pour devenir plus fort (que ce qui le menace), le manipula*tueur* n'a d'autre ressource que d'affaiblir ou de détruire perfidement tout ce qui l'inquiète.

« Il détruit par plaisir de détruire. Il est méchant et ne permet pas aux autres d'exister par eux-mêmes. Il veut tout contrôler. On ne peut pas l'épater. Il vous fait sentir que vous êtes petit, faible, minable ; il vous transforme en "lavette" ; il vous piétine et vous rend incapable de tout développement. » (Témoignage)

« Il te détruit en te donnant l'impression que c'est pour ton bien, mais on se sent très mal en sa présence. On n'arrive pas à s'imposer, on n'est pas reconnu pour ce que l'on voudrait être. Il ne t'écoute pas et ses critiques ne sont jamais constructives. Quand il dit quelque chose c'est toujours négatif. Avec lui on se sent humilié, découragé, rabaissé. C'est un "assassin mental" et la vie avec lui ressemble à de l'esclavage. » (Autre témoignage)

Lorsqu'on soupçonne quelqu'un d'être un manipula*tueur*, le seul moyen pour savoir à qui l'on a réellement à faire est d'utiliser le test de confiance (cf. chapitre 3). Ce test permet de séparer l'apparence des réalités et met en lumière les manœuvres perverses que le manipulateur utilise contre nous.

Harcèlement et manipulation dissimulée

La manipulation type III passe souvent inaperçue aux yeux de ceux qui la subissent. On parle alors de harcèlement ou de manipulation dissimulée. Un grand nombre de victimes se font ainsi abuser et détruire à leur insu par la fourberie et la duplicité d'un manipula*tueur*. Après deux grossesses rapprochées, Martine n'arrive pas à retrouver son poids de jeune fille. Elle explique ainsi son combat contre les kilos :

« Lorsque je découvre un nouveau régime, je m'empresse de l'essayer. Je suis persuadée que cette fois-ci ce sera le bon. Je fais ce qu'il faut, et je me sens bien. J'ai l'esprit dégagé, je suis dynamique. Parfois, je me remets même à faire du sport. Je fais tout ce que j'ai à faire sans effort et je commence à perdre du poids. Et puis, brutalement, sans que je comprenne pourquoi, je retombe dans le brouillard. Je n'ai plus de courage, je rumine les mêmes idées noires, je ne fais plus rien, je suis épuisée et je passe mon temps à dormir. Ensuite, en voyant tout le retard qui s'amoncelle dans l'appartement, je culpabilise et sans m'en rendre compte, je recommence à manger. Je me traite de tous les noms en regardant mon ventre et mes cuisses dans le miroir de la salle de bain. Tous les jours, je décide que, dès le lendemain, je me mettrai fermement au régime et que cette fois-ci j'y arriverai. Aujourd'hui, je suis complètement désespérée car malgré toutes mes bonnes résolutions, à chaque fois que je monte sur la balance, je peux constater que j'ai encore pris du poids. »

Si une manipulation dissimulée est difficilement perceptible de l'intérieur, il n'en va pas de même quand on l'observe de l'extérieur. Voici ce que nous dit une amie de Martine à propos de ses problèmes de poids :

« Je connais Martine depuis de nombreuses années. Elle a toujours été un peu soucieuse de sa ligne, mais c'est presque devenu une obsession à partir du moment où elle a rencontré Denis, son futur mari. C'est un garçon charmant, mais qui attache beaucoup d'importance aux apparences. Depuis que Martine a pris un peu de poids, après avoir eu ses enfants, il n'arrête pas de lui faire des remarques, toujours gentiment, sur le ton de la plaisanterie, mais je trouve que ça revient un peu trop souvent. Je vois bien aussi que Martine est touchée, même si elle fait semblant de rire avec les autres de ses "petits bourrelets" comme elle dit. Mais je vois bien qu'au fond d'elle-même elle est blessée quand il se moque ainsi d'elle en public. D'ailleurs, dans les jours qui suivent, elle

s'achète régulièrement des vêtements trop petits en affirmant qu'elle va maigrir. L'autre soir, j'étais chez eux et il n'a pas arrêté de critiquer une amie commune qui avait énormément grossi. Il multipliait les mauvaises plaisanteries sur son embonpoint et disait tout le mépris qu'il avait pour ces gens qui ne savent pas se tenir. Lorsque Martine est sortie de la pièce, les larmes aux yeux, il a subitement changé de sujet de conversation. Tout le monde était gêné, mais lui ne semblait pas le remarquer. Le pire, c'est qu'il paraissait satisfait de ce qu'il venait de faire, comme s'il s'agissait d'une bonne plaisanterie. Je pensais à Martine et c'était vraiment affreux de voir comme il semblait heureux de son coup. »

Un manipula*tueur* peut se montrer extrêmement agréable et convivial. En s'affichant charmeur, culpabilisateur, respectable ou simplement autoritaire, il crée un mirage qui trompe ses victimes et les empêche de voir que derrière son déguisement du moment, se cache toujours un but invariablement destructeur et nuisible. De plus, il est très difficile de le prendre à défaut car il a toujours une excuse pour se justifier : « Je ne fais que suivre les consignes ; Je n'ai pas le droit de désobéir ; Je n'ai fait que mon devoir ; J'ai agi en croyant bien faire ; C'était pour plaisanter... »

Cette flexibilité reptilienne le rend difficile à détecter et à maîtriser.

Comment savoir ?

Pour en être certain, on peut examiner (ci-dessous) les deux séries de symptômes qui signent la présence d'un manipula*tueur.* La première regroupe l'essentiel de ce que l'on peut ressentir lorsqu'on est directement victime d'un manipulatueur et la seconde énumère ce que l'on perçoit en tant que simple observateur d'une manipulation dissimulée.

Les symptômes internes de la manipulation dissimulée

Il s'agit des principaux signaux internes que l'on peut constater lorsqu'on est soi-même victime d'une manipulation type III. **Ces symptômes sont bien plus**

révélateurs de la présence d'un manipulatueur que l'analyse de ses paroles ou de ses actes :

- j'alterne des moments d'enthousiasme et de découragement ;
- j'éprouve souvent un sentiment de culpabilité ou de doute ;
- j'ai des difficultés pour me défendre ou contre-attaquer ;
- je ressens de soudaines pertes de confiance en moi ;
- j'ai parfois l'impression d'être « vidé(e) » de mon énergie ;
- je ressens un malaise physique ou mental en présence de quelqu'un ;
- cette personne me rabaisse d'une manière ou d'une autre ;
- il est impossible de l'impressionner ou d'avoir de l'effet sur elle ;
- il y a toujours une forme d'ambiguïté entre ce qu'elle fait et ce qu'elle dit ;
- je ne suis pas bien dans ma tête ou dans mon corps.

À partir de trois symptômes il y a de fortes chances pour que l'on soit victime d'une telle manipulation. Lorsqu'on atteint les cinq symptômes, la manipulation est certaine et il y a intérêt à savoir avec certitude qui est le manipula*tueur* et comment il procède.

Utilisez le test de confiance (chapitre 3) sur les personnes de votre entourage direct ou indirect, en relation avec ce qui vous arrive. N'hésitez pas non plus à prendre conseil ou à vous faire aider ! Généralement, on trouve plus facilement à deux que tout seul car il y a des choses qui sont bien plus évidentes pour un observateur extérieur que pour celui qui est victime et qui vit les choses de l'intérieur.

Les symptômes externes

Voici les principaux symptômes qui peuvent apparaître lorsqu'on observe une manipulation dissimulée en tant que simple témoin extérieur :

- comportements irrationnels ;
- mauvaise ambiance récurrente ;
- zizanie entre les gens ;
- grand nombre de maladies ;
- découragement général ou chronique ;
- épuisement des forces.

Les comportements sont irrationnels

Cela signifie que les gens se comportent bizarrement. Ils font des choses que quelqu'un de sensé ne ferait pas. En raison de la présence active et néfaste d'un manipulateur, la victime se lance dans des projets utopiques, irréalisables ou largement au-dessus de ses capacités ou de ses compétences.

Parfois, il arrive que certains réussissent ce qu'ils entreprennent. Mais, à plus de 99 %, c'est l'échec qui les attend. Beaucoup d'adolescents adoptent ainsi des comportements irrationnels pour montrer leur indépendance et s'opposer à la tutelle de leurs parents. Cela ne signifie pas pour autant que les parents soient de véritables manipulateurs malveillants, mais c'est le signe que les adolescents les considèrent comme tels.

La mauvaise ambiance

Si une forte fièvre est symptomatique de la grippe, un mauvais état d'esprit ou une atmosphère lourde révèle aussi sûrement une manipulation type III. Inconsciemment, nous ressentons que quelque chose ne va pas. Les relations sont tendues et nous déplorons la situation.

En présence d'une telle manipulation, on se trompe souvent de coupable et on accuse à tort ceux que le manipula*tueur* nous désigne. C'est un véritable expert pour embrouiller les choses simples et troubler le jugement des gens. Voilà pourquoi il est tellement important de bien connaître l'anatomie et la physiologie de la manipulation type III avant de pouvoir commencer à lui résister efficacement.

La zizanie

Le manipulateur type III assure sa supériorité et son contrôle en divisant et en montant les gens les uns contre les autres. La zizanie n'apparaît pas sans raison. Elle est toujours le résultat d'une manipulation dissimulée. C'est la jalousie, l'agressivité, la haine ou les ressentiments orchestrés par le manipulateur qui divise et sépare les gens.

Le manipula*tueur* est un spécialiste du harcèlement moral. On pourrait même dire que dès qu'il y a harcèlement moral avéré, il y a un manipula*tueur*. Mais il est tellement pervers qu'il est extrêmement difficile de l'attaquer directement pour ce motif.

Beaucoup de plaintes sont déposées pour harcèlement moral, mais très peu sont suivies d'effets et elles n'aboutissent que très rarement à une condamnation. Si, en plus de cela, on ajoute l'immense foule de ceux qui n'osent pas se rebeller ou qui s'arrêtent en chemin en raison de la lourdeur judiciaire, on voit que la situation n'est pas très brillante et que le harcèlement moral a encore de beaux jours devant lui. Cela ne veut pas dire qu'il faille baisser les bras, mais bien au contraire qu'il faut continuer à expliquer ce fléau moderne dû à une hostilité dissimulée, pour que de plus en plus de monde sache le reconnaître et s'en défendre.

La maladie

Au travail, lorsqu'on observe qu'il y a de nombreux congés maladie, accidents du travail ou beaucoup de demandes de mutation ou de départ, on peut être certain d'être en présence d'un manipulateur type III. C'est sa manière de se débarrasser de ceux qui le gênent. En présence d'une atmosphère lourde et délétère, il est normal que les organismes des personnes concernées finissent par craquer. Contracter une maladie et être victime d'un accident sont malheureusement les réactions les plus courantes de ceux qui subissent trop longtemps une manipulation dissimulée sans pouvoir s'en défendre.

Il en va de même dans le milieu familial lorsque, comme par hasard, on constate que tous les membres d'une même famille sont chroniquement malades. Dans de tels cas, la maladie est, là aussi, le résultat direct de la manipulation.

Un autre signal remarquable est que le manipulatueur est le seul à ne pas être malade. Mais ce n'est pas infaillible car il arrive qu'il invoque une soi-disant maladie pour mieux asservir ou détruire son entourage. Dans ce dernier cas, ce genre de « Tatie Danièle » sera démasqué en raison d'une résistance étonnante et d'une grande capacité à survivre (contre toute attente).

Le découragement

Le manipula*tueur* est entouré de gens malchanceux qui s'enthousiasment aussi facilement qu'ils se découragent. Lorsqu'il sévit dans le monde du travail, on remarque que les meilleurs s'en vont ou cherchent à partir.

La manipulation dissimulée est un terreau fertile pour le fiasco et les échecs à répétition. Lorsqu'il en a les moyens, le manipula*tueur* sabote l'activité de ceux qui l'entourent en donnant des ordres imprécis, contradictoires ou plus simplement en ne leur donnant pas les moyens de réussir.

Dans la vie privée, ses proches sont déprimés, malades ou sans ambition. Généralement, ils ratent tout ce qu'ils entreprennent. Le manipulateur dissimulé aime dévaluer les autres ou diminuer la valeur de leurs efforts. Quoi que vous fassiez, vous ne serez jamais à sa hauteur. Si jamais vous l'êtes, il viendra vous perturber en faisant mine de vous aider ou il vous mettra discrètement des bâtons dans les roues.

Ce genre de manipula*tueur* ne vous dira jamais que vous faites quelque chose de bien. Il ne sait pas féliciter et il ne faut attendre aucune reconnaissance de sa part. Par contre, il sait trouver le petit détail qui ruine vos efforts ou qui prouve qu'il vous est supérieur et qu'il sait mieux faire que vous. Bref, il fait en sorte de vous sortir de la tête l'idée que vous pourriez réussir ce que vous voulez entreprendre.

En décourageant son entourage, le manipulatueur le maintient dans l'impuissance ou la médiocrité, ce qui lui permet de se sentir plus fort et d'asseoir plus sûrement sa puissance, son contrôle et sa suprématie.

L'épuisement

La simple présence d'un manipula*tueur* peut suffire à vous vider de votre énergie. On peut connaître des moments d'abattement ou de découragement car cela arrive à tout le monde. Lorsque cet épuisement devient chronique ou qu'il survient sans raison apparente, il s'agit d'un signe très fort susceptible de révéler l'existence d'une manipulation dissimulée.

Si vous vous sentez régulièrement « vidé », cherchez à découvrir qui est toujours présent dans ces moments-là. Il y a de fortes chances pour que vous découvriez ainsi un manipula*tueur* que vous n'auriez peut-être jamais soupçonné autrement. Mais avant de pouvoir l'affirmer, soumettez-le au test de confiance.

L'épuisement (voire la dépression) peut également provenir d'une succession d'échecs.

À plus de 38 ans, Claudine souffre depuis son enfance du manque de considération de sa mère qui l'a toujours considérée comme un peu simple d'esprit parce qu'elle avait du mal à suivre à l'école. Pour recevoir un peu de cet amour qui lui fait tant défaut et aussi pour lui montrer qu'elle est quelqu'un de valable Claudine fait tout ce qu'elle peut pour faire plaisir à sa mère. Elle passe la voir tous les jours ; elle lui fait son ménage et l'accompagne faire ses courses au moins une fois par semaine. Sa mère trouve cela normal et n'éprouve absolument pas le besoin de la remercier par un mot, un geste ou un cadeau. Par contre, elle lui téléphone des heures entières pour se plaindre de sa santé ou de ses problèmes avec ses voisins. Patiemment, Claudine l'écoute et tente de la réconforter. Manifestement, la mère fait tout pour venir vivre chez sa fille, mais Claudine fait la sourde oreille. Elle est tiraillée entre son besoin de reconnaissance qui la pousserait à prendre sa mère chez elle, et celui de vivre une vie indépendante avec son mari et ses enfants.

Aveugle à cette manipulation et incapable de dire non à cette mère manipulatrice, Claudine s'épuise à répondre aux demandes sans cesse grandissantes d'une mère qui devient de plus en plus exigeante et qui se plaint à qui veut l'entendre que sa fille l'abandonne. Cependant, elle continue à lui servir de domestique car elle est toujours et inconsciemment dans l'attente d'un signe de reconnaissance de sa mère. Malheureusement pour Claudine, ce signal libérateur ne viendra jamais.

Se sentant de plus en plus impuissante, inutile et sans valeur, Claudine sombre finalement dans une grave dépression ; ceci permettra à sa mère d'affirmer sans vergogne que sa fille ne vaut définitivement rien et qu'on ne peut compter sur elle en aucune circonstance.

Cet exemple nous montre que lorsque l'épuisement, le découragement et la maladie touchent une même personne, c'est la preuve évidente, pour qui sait le voir, qu'une manipulation dissimulée est active.

Le manipula*tueur* pense toujours qu'il a raison. Il ne se remet jamais en question ou ne change jamais d'avis. Ce sont les autres qui ont tort, lui jamais.

C'est impossible ! Celui qui ignore cette incapacité ne peut que s'épuiser à vouloir faire changer quelqu'un qui ne le veut absolument pas.

D'ailleurs, si vous lui faites lire ce livre, il pourra le trouver intéressant voire très utile... pour d'autres ! Mais il ne se sentira jamais concerné et ne se reconnaîtra absolument pas.

L'essentiel de ce chapitre

- **Tout ce qu'un manipula*tueur* fait et dit** contre nous a pour but de nous abattre, de ruiner ce que nous faisons ou encore de détruire un aspect de notre personnalité.
- **Le manipulateur type III est un menteur** de la pire espèce. Il ne recule devant rien pour atteindre son but. C'est pourquoi il ne faut pas s'arrêter à ce qu'il dit et encore moins à ce qu'il promet. Par contre, faites davantage confiance aux symptômes internes qui signalent sa présence.
- **Si vous avez le moral qui oscille souvent entre beau fixe et tempête**, ou si vous prenez des résolutions que vous n'arrivez jamais à tenir ; si vous êtes régulièrement épuisé sans raison particulière ; si vous perdez confiance en vous-même ou si vous vous sentez coupable de ce qui se passe ; si vous ressentez des troubles physiques injustifiés ou si vous avez des maladies psychosomatiques ; si vous vous sentez glisser vers la dépression, et bien sur, s'il n'y a aucune cause physique particulière à l'origine de tout cela, il y a de très grandes risques pour que vous soyez victime d'une manipulation dissimulée.
- **Un manipula*tueur* peut prendre n'importe quel visage.** Qu'il soit charmeur, respectable, culpabilisateur ou autoritaire, son désir de détruire est constant. Le test de confiance déjà présenté au chapitre 3 permet de confirmer la présence d'un manipula*tueur* à travers ses actes et ses paroles.
- **Trop de gens se font encore abuser et détruire** par la fourberie et la duplicité d'un manipula*tueur* pour la simple raison qu'ils ne se rendent pas compte de ce qui se passe ou qu'ils n'osent pas se défendre. C'est dire l'importance des symptômes intérieurs et extérieurs de la manipulation dissimulée qui doivent être considérés comme de véritables signaux d'alerte.

Le chapitre suivant donnera, à qui veut s'en servir, les moyens pour lutter efficacement contre les manipulateurs malveillants.

Chapitre 11

En guerre avec un manipula*tueur*

Le manipulateur est quelqu'un de malveillant qu'il n'est pas facile de combattre. Son intention est de détruire et pour cela, il provoque la brouille et monte les gens les uns contre les autres. Il peut se montrer rusé, roué, trompeur, débrouillard, beau parleur ou démagogue. Il utilise le mensonge, il terrorise les gens et on n'ose pas lui répliquer par peur d'en prendre plein la figure. Il calomnie, se pose en victime. Il a souvent un culot monstre et quoi qu'on fasse ou quoi qu'on dise, il a toujours raison.

Il dispose d'un véritable arsenal

Sept armes de destruction

- **L'incompréhension** : si on l'accuse, il fait mine de ne pas comprendre. Il joue l'étonné et semble stupéfait qu'on puisse lui reprocher quelque chose. Il demande des explications et fait semblant de chercher. Il prend les autres à témoin pour se justifier ou se disculper. Au bout du compte, c'est l'accusateur qui paraît insensé d'oser s'attaquer à quelqu'un d'aussi « pur et bon » que lui !
- **Les apparences trompeuses** : le manipula*tueur* n'est pas fiable. Il critique constamment. C'est un spécialiste des coups tordus. Le cas échéant, il relève un détail qui va dans son sens et l'amplifie pour cacher tout ce qui pourrait agir en sa défaveur. Il manipule les faibles et les hésitants pour en faire des alliés. Il leur fait dire ce qu'il a envie d'entendre et utilise ces propos comme autant de nouveaux arguments susceptibles de prouver sa bonne foi : *« Tu vois bien que c'est la vérité, tu le dis toi-même. »*

- **L'insensibilité aux accusations** : si besoin est, il accusera son accusateur de faire ce que lui-même fait avec la plus parfaite mauvaise foi.
- **L'impossibilité de l'atteindre** : nos paroles et nos actes semblent inefficaces. Ceci est important car aussi longtemps qu'on ignore cette caractéristique du manipula*tueur*, on s'épuise à vouloir lui montrer ce qu'il ne veut pas voir et à lui dire ce qu'il ne veut pas entendre. Tous ces efforts sont vains, parce que le manipula*tueur* refuse que l'on existe ou que l'on pense en dehors de lui.
- **L'utilisation de l'énergie de l'adversaire** : qu'il s'agisse d'un parent, d'un collègue ou d'un chef, s'il pense que nous ne valons rien, nous aurons beau faire tous les efforts du monde pour le convaincre du contraire, il fera tout pour nous casser et nous décourager. Il s'efforce de nous faire penser qu'effectivement, nous ne valons rien. Pire ! En revendiquant ou en défendant un point de vue différent du sien on excite son hostilité et on le conforte dans son opinion. Il ne peut pas changer d'idée et considérera chacun de nos efforts comme autant d'attaques personnelles contre ce qu'il pense. Son énergie à nous abattre s'en trouve ainsi, à chaque fois renforcée.
- **L'ambiguïté** : celle qui existe entre ses paroles et son intention est toujours destructrice. Cette arme est utilisée par tous les manipulateurs de type III. Ils disent une chose mais ce qu'ils font prouve le contraire. Ainsi, cette femme qui se demande : « Comment peut-il dire qu'il m'aime alors qu'il me rabaisse et me ridiculise constamment en public ? » Cette autre personne se demande à propos d'une amie : « Elle me dit que c'est pour mon bien, mais moi je sens bien que ce n'est pas bon pour moi. Je ne sais plus où j'en suis... »
- **La culpabilité** : elle reste le sentiment que les manipulatueurs font naître le plus fréquemment chez leurs victimes. Ils favorisent également l'auto culpabilisation. Ainsi bouclent-ils la boucle et se disculpent-ils en donnant à leurs victimes des idées comme celles-ci : « Je me fais des idées, ce n'est pas possible, il n'est pas comme ça, je vois le mal partout, je ne suis pas normal, c'est de ma faute, j'ai dû faire quelque chose de mal... »

Sept armes dangereuses

Il utilise ces armes avec efficacité et s'entoure de gens faibles ou en mauvaise santé. Il ouvre la porte à toutes les catastrophes et sème la zizanie autour de lui. Même quand il prononce de bonnes paroles ou qu'il adopte des apparences flatteuses, on ne se sent pas bien. Les animaux ou les jeunes enfants s'écartent de lui. Ils sentent instinctivement la fausseté et la dangerosité du personnage. Ceci n'est pas un symptôme courant, mais lorsque cela arrive, il faut savoir en tenir compte pour ne pas se laisser abuser. Tout cela est extrêmement déstabilisant et c'est justement ce que souhaitent les manipulateurs malveillants. Ils cherchent à détruire leurs victimes, ce qu'elles font ou un aspect de leur personnalité, si possible sans que celles-ci puissent s'en rendre compte. C'est pour cela qu'on qualifie cette manipulation de manipulation dissimulée.

Tant que l'on n'est pas conscient de ce qui se passe, l'on ne peut pas réagir. Cependant, dès que l'on s'en rend compte et que l'on voit clairement le jeu du manipula*tueur*, on s'en libère à 90 %. Mais cela ne signifie pas pour autant qu'on osera ou qu'on saura se défendre surtout si on est encore obligé de rester avec lui.

Un arsenal efficace à effet paralysant

Bien utilisé, cet arsenal empêche la riposte ; pourquoi ? Il y a bien des réponses à cette question.

Tant que l'on n'est pas conscient d'être manipulé, on demeure complice de son bourreau en continuant à penser des choses comme : « On ne répond pas à son chef... Une femme doit suivre son mari... Tu dois écouter ce que te disent tes parents... Je ne peux pas lui dire ce que je pense, cela ne se fait pas... Je suis désarmé par la mauvaise foi... Il ne faut pas faire de mal aux autres... » Ces idées toutes faites généralement bien admises par la société, et qu'on ne songe même pas à remettre en question, sont aussi de bons justificatifs pour s'empêcher d'agir ou pour expliquer son absence de réaction.

Dans bien des cas, on n'ose pas riposter par peur des représailles. C'est ainsi que certains redoutent le chantage que le manipulateur pourrait exercer si jamais ils osaient répondre. Alors, ils se taisent de peur d'entendre : « Si tu t'en vas je te coupe les vivres... Tu ne verras plus tes enfants... Vous serez marqués à l'encre rouge... Je ferai en sorte que vous ne retrouviez plus de travail... Tu ne fais plus partie de notre bande... » D'autres n'osent pas riposter car ils redoutent tout simplement la violence physique ou n'importe quelle autre forme de vengeance du manipula*tueur*.

Il y a aussi ceux qui s'empêchent de riposter parce qu'ils ne veulent pas blesser un manipulateur pour lequel ils ont eu de l'affection.

D'autres se sentent dépendants. Ils se sentent redevables, liés au manipula*tueur* de façon irréversible. La dépendance financière est la plus courante. Il existe aussi la dépendance affective et/ou juridique qui conduit certaines personnes à rester avec un manipulatueur : « À cause des enfants... Parce que cela ne se fait pas dans la famille... Parce qu'il est difficile de trouver un autre emploi... Parce que ça a toujours été comme ça... Parce que je veux rester avec eux... »

Certaines personnes souffrent d'une sorte de paralysie de l'esprit qui les empêche de se battre et de riposter. Elles se sentent trop impuissantes, elles ont trop essuyé d'échecs, elles pensent mériter ce qui leur arrive ou encore, elles sont persuadées d'expier quelque mauvaise action qu'elles ont dû commettre dans le passé.

D'autres personnes n'osent pas riposter parce qu'elles sont persuadées que le manipula*tueur* leur veut du bien. Bien que souffrant de ce qui se passe, elles pensent qu'il agit dans leur intérêt. Ce genre de comportement génère des pensées très confuses du genre : « Je sais bien qu'il me détruit, mais il fait cela pour mon bien. Bien sûr pour l'instant ce n'est pas facile, mais ensuite, je sais que ça ira mieux. Au fond il n'est pas si méchant que ça. Il est dur avec moi, mais c'est pour mon bien. Il fait ça pour m'aider. »

La difficulté à riposter est en relation directe avec la manière d'être du manipula*tueur*.

Quand le manipula*tueur* est sympathique, on ne veut pas passer pour le « méchant » qui veut lui faire du mal. Il est tellement aimable avec tout le monde qu'il faudrait être un monstre pour lui en vouloir !

Si vous vous sentez désarmé en face des victimes professionnelles qui sont apparemment malades, infirmes ou dans le besoin, votre culpabilité va les protéger et leur permettre de continuer à vous nuire.

S'il est sournois ou langue de vipère, on tremble et on ne bouge pas par peur de ses mensonges, de ses commérages, de ses calomnies, de ses dénonciations. On ne dit rien par crainte de provoquer ses attaques. On est aimable avec lui ou on le respecte honteusement pour éviter d'être la cible de ses attaques perfides.

S'il s'agit d'un manipula*tueur* autoritaire, dur et froid, on n'osera pas s'attaquer à lui par peur de sa colère, de ses coups ou de ses représailles.

Nous verrons un peu plus loin que c'est davantage la peur du danger qui paralyse les victimes que le danger lui-même.

À retenir

Quand on parvient à sortir de la zone d'influence d'un manipula*tueur*, on redevient capable de prendre ses responsabilités et d'assumer de meilleurs choix.

Ses points faibles

Bien qu'il paraisse extrêmement redoutable et néfaste et qu'il soit difficile de s'opposer à lui, le manipulateur type III n'est pas invincible. Il possède un certain nombre de points faibles qu'il cache soigneusement car il sait que c'est par là qu'il peut être abattu. Ce que l'on croît être ses points forts (qui le rendent tellement redoutable), sont en réalité des points faibles qui vont nous permettre de lui faire face et de lui résister victorieusement.

Il a peur des autres

Ainsi, s'il terrorise et fait peur à son entourage c'est parce que lui-même a peur des autres ou, à tout le moins, parce qu'il ne se sent pas capable de les faire changer normalement. D'où cette attitude destructrice et sournoise qui révèle bien son impuissance. Quand on est sûr de soi, on fait confiance, on accepte de se tromper, on reconnaît ses erreurs et on accepte celles d'autrui. Mais quand cette confiance en soi et dans les autres a disparu, on ne pense plus pouvoir leur résister normalement. C'est ainsi qu'au lieu d'affronter directement leurs adversaires, les manipula*tueurs* choisissent de terroriser ou de manipuler sournoisement ceux qui les dépassent pour les abattre et parvenir à leurs fins.

C'est un faible et un lâche

En réalité, un manipula*tueur* est un faible et un lâche qui agit ainsi parce qu'il ne dispose d'aucune autre stratégie. Il redoute tellement les autres qu'il se sent incapable de les affronter d'égal à égal. Il n'a pas le courage d'attaquer à visage découvert parce qu'il se sait trop faible pour le faire. Il attaque par-derrière, par peur de prendre des coups. C'est un perdant qui se sent incapable de gagner honnêtement et qui préfère faire perdre tout le monde plutôt que de rester seul à terre. Cela peut sembler contradictoire, mais plus un manipula*tueur* paraît redoutable et plus il faut impérativement se rappeler que c'est un faible et un lâche.

Voici le genre de questions qu'il faut savoir se poser pour découvrir les points faibles d'un manipula*tueur* et se dégager de son étreinte :

- *Que craint-il ?*
- *Que redoute-t-il ?*
- *Qu'est-ce qui lui fait peur ?*
- *Pourquoi se comporte-t-il comme il le fait ?*
- *Comment ou en quoi se sent-il inférieur ?*

11. En guerre avec un manipula*tueur*

À retenir

En voyant les choses sous l'angle de ses propres peurs, on commence à démystifier le manipula*tueur* et à le craindre moins. On acquiert ainsi, progressivement, le pouvoir de lui dire non.

Ses menaces sont du chantage

Sa peur des autres, sa faiblesse et sa lâcheté constituent un mécanisme que l'on peut résumer ainsi : « Il tire sa puissance de mon ignorance de sa véritable faiblesse. » Cela signifie que tant que je pense qu'il peut me nuire, me faire du tort ou me détruire d'une manière ou d'une autre, j'ai peur de lui et je ne tente rien contre lui. Toute la stratégie du manipula*tueur* se trouve dans ce chantage. Il fait croire à ses victimes qu'il peut leur faire beaucoup de mal alors qu'en fait il ne le peut pas ou n'osera pas le faire.

Le manipula*tueur* fait régner la peur autour de lui pour que les gens continuent à se croire trop faibles pour réagir. Qu'il le fasse directement par son apparence, ses actes ou ses paroles, ou qu'il agisse indirectement, en utilisant les ragots, les rumeurs ou la médisance, le résultat est le même. On a peur, on ne dit rien, on ne fait rien et on baisse la tête en espérant que les choses vont s'arranger... ce qui n'arrive jamais !

Le manipula*tueur* triomphe aussi longtemps qu'il peut faire régner l'ignorance, l'inquiétude, la peur ou l'angoisse autour de lui. Par contre dès que l'on comprend le chantage et que l'on voit comment *il tire sa puissance de mon ignorance de sa véritable faiblesse*, on devient plus fort que lui et la peur peut changer de camp. C'est ce qui se passe par exemple lorsque la victime réagit parce qu'elle ne supporte plus les coups d'un conjoint jaloux, les crises d'une épouse alcoolique, les médisances d'un voisin, les calomnies d'une collègue, le harcèlement d'un supérieur ou la présence, tellement étouffante, d'un parent ou d'un ami qui « tue » à petit feu.

Parfois, il faut toucher le fond de sa détresse pour prendre conscience de la petitesse de son bourreau ou de la supercherie dont il nous menace et pour oser contre-attaquer.

Organiser sa défense et contre-attaquer

En plus des armes déjà présentées pour combattre la manipulation de type II et qui sont utiles en toutes circonstances, en voici un certain nombre d'autres pour lutter plus spécifiquement contre la manipulation type III.

Observer et comprendre

Lorsque la relation avec le manipulateur est assez superficielle, le simple fait de comprendre ce qui se passe et de savoir exactement à quoi s'attendre, dédramatise la situation et permet d'y échapper.

Christophe se plaignait de ce que sa vieille tante lui demandait régulièrement de venir lui rendre visite. Il se sentait obligé d'aller la voir mais appréhendait terriblement d'y aller car, à chaque fois, il en ressortait épuisé. Il lui fallait ensuite plusieurs heures pour retrouver le moral tant la conversation de cette personne le décourageait.

Après avoir lu les principales caractéristiques du manipula*tueur* il comprit que le problème venait d'elle. Il lui paraissait évident que sa tante était une manipulatrice malveillante (type III) et que si quelqu'un n'allait pas bien c'était d'elle qu'il s'agissait et non pas de lui. Grâce à son observation et sa compréhension de la situation, il savait maintenant exactement ce qu'elle était en train de faire et à quoi il devait s'attendre. Elle ne lui faisait plus peur.

La manipula*tueur* est un maître de l'auto culpabilisation. Lorsque nous sommes bouleversés par ses manipulations, il parvient à nous faire croire que c'est nous qui sommes responsables et coupables de ce qui nous arrive. Il fait en sorte que nous nous posions des questions sur notre état mental plutôt que sur le sien.

11. En guerre avec un manipula*tueur*

Observer et comprendre une situation aide à en reprendre le contrôle. En prenant conscience du secret du manipula*tueur* on ne contrôle certes pas tout, mais on se sent moins victime. On n'éprouve plus ce manque de confiance, ce sentiment de culpabilité et cette humiliation qui nous rendaient le manipula*tueur* tellement oppressant.

Lorsque la relation avec un manipulateur type III est superficielle, la simple observation de ses faits et gestes, à la lumière des connaissances que nous avons de ce phénomène, suffit pour nous libérer de son étreinte et pour cesser de nous condamner en raison de faiblesses inexistantes.

Le voir autrement

Le manipula*tueur* cherche à briser et à détruire ce que nous sommes ou ce que nous faisons. C'est un malade qui refuse d'avoir tort, qui refuse de changer et qui rejette toutes les propositions d'aide. Beaucoup de victimes espèrent que les choses vont finir par s'arranger. Elles sont persuadées que le manipula*tueur* va changer, que quelque chose va se produire ou qu'ils vont finir par s'entendre. Mais croire en une possible amélioration de la relation avec un manipulatueur est un mirage qui ne fait qu'entretenir et aggraver les souffrances qu'il nous inflige.

Quand on est certain d'être en face d'un manipula*tueur*, il faut commencer par renoncer à un changement quelconque de sa part. Il est dans son idée et ne changera pas avant d'avoir atteint son but qui est de détruire ce que nous sommes, ce que nous faisons ou d'éliminer un de nos comportements qu'il n'accepte pas. Un manipula*tueur* peut éventuellement changer d'attitude mais c'est uniquement lorsque ses victimes sont vaincues ou terrassées.

Marie-France a une belle-sœur qu'elle a surnommée « tatie Danièle » à cause de son attitude et de ses manières très cassantes. « Elle m'envoyait toujours des tas de piques et n'était pas d'un commerce agréable. Peut-être était-elle jalouse, en tout cas, cela a duré près de quarante ans. Mais depuis que je suis malade, son comportement a complètement changé. Elle est enjouée, aimable, elle m'appelle "ma petite Marie-France". Elle vient souvent prendre de mes nouvelles. Elle est absolument charmante et propose toujours de m'aider car quand je suis en chimio, j'ai beaucoup de mal à faire quoi que ce soit ». Marie-France est morte quelques mois après ce dernier appel téléphonique.

Si nous ne voulons pas être détruits par un manipula*tueur*, il est impératif de bousculer et de changer les croyances et les schémas mentaux qui pourraient nous faire croire à un changement positif de notre bourreau. Ce changement dans notre manière de voir et de penser un manipulateur de type III ne se fait pas obligatoirement d'un coup de baguette magique. Plus le lien avec le manipula*tueur* aura été fort, plus il faudra du temps pour faire le deuil d'une relation idéale. Cette manière de changer d'idée peut paraître exagérée, brutale, voire triste, mais il faut voir que c'est le seul moyen pour survivre, pour ne plus souffrir et pour être capable de se défendre.

L'exercice suivant n'est pas destiné à améliorer votre relation avec le manipula*tueur*. Son objectif est de vous aider à mieux voir le fossé qui sépare vos intentions respectives.

Exercice

Répondez par écrit aux questions suivantes :

Qu'est-ce que je pense de lui ?

Comment devrait être notre relation ?

Qu'est-ce que j'attends de lui ?

Comment les choses devraient-elles se passer s'il n'y avait pas de problème entre nous ?

Toujours par écrit, répondez maintenant à cette deuxième série de questions :

Que pense-t-il de moi ?

Que veut-il me prouver ?

Qu'est-ce qu'il cherche à détruire ?

Que veut-il me faire comprendre ?

Comparez les deux séries de réponses et observez la distance qui existe entre vos deux points de vue. Interrogez-vous !

Pourquoi vos deux points de vue ne pourront-ils jamais se rencontrer ?

11. En guerre avec un manipula*tueur*

Quand on est certain d'être en face d'un véritable manipula*tueur* et qu'on n'attend plus qu'il change, qu'il guérisse ou qu'il ouvre enfin les yeux sur ce que l'on voudrait qu'il voie, on supporte différemment ses attaques. On supporte mieux ses coups et, lorsque ses manœuvres deviennent tellement prévisibles qu'on finit par en rire, c'est alors le signe que l'on commence à se libérer de la manipulation.

Le voir le moins possible

Quand on est en relation plus suivie avec quelqu'un qui s'avère être un manipulateur du type III, une bonne solution serait de le voir le moins possible. Mais cela n'est pas toujours facile à faire, surtout si la relation avec lui dure depuis longtemps ou si vous êtes amené à le voir régulièrement. Par exemple, si vous travaillez avec lui, vous pouvez changer ou séparer vos bureaux. Vous pouvez aussi choisir des horaires différents et éviter les endroits qu'il fréquente. Cela n'est pas une fuite ou de la lâcheté comme il pourrait vous le faire croire (en provoquant votre auto culpabilisation). C'est une protection efficace contre quelqu'un qui vous veut du mal d'une manière ou d'une autre.

« Vous ne pouvez pas vous imaginer tout le bien que ces changements ont produit dans ma vie. C'est comme si on m'avait retiré le poids énorme que j'avais sur la poitrine. Quel soulagement ! Il se passe parfois des semaines sans que je le voie. Quand on se rencontre en réunion ou quand on se parle au téléphone, je n'ai plus cette appréhension qui me paralysait tellement. Je suis devenu presque indifférent. » (Témoignage)

Si vous allez le voir régulièrement tous les week-ends ou si vous avez l'habitude de partir en vacances avec lui, changez vos habitudes. N'ayez pas peur de lui imposer ces modifications en changeant arbitrairement vos anciennes manières de faire. S'il vous demande pourquoi vous ne venez plus, inventez un prétexte crédible. N'ayez pas peur de mentir ! Vous n'êtes ni hypocrite, ni menteur, vous vous protégez simplement de quelqu'un d'extrêmement dangereux. Pour vous soutenir dans ce combat, observez combien vous vous sentez mieux lorsque vous êtes éloigné du manipula*tueur*.

En dire le moins possible

Si vous êtes vraiment obligé de le rencontrer, limitez la conversation tout en restant poli. Parlez de la pluie et du beau temps ou de tout autre sujet de conversation aussi banal. Ne rentrez surtout pas dans les détails, restez superficiel, ne racontez pas votre vie et, sans précipitation, partez le plus vite possible. L'essentiel c'est d'abréger la conversation tout en restant courtois.

Moins vous en dites et moins vous lui donnez de prise car le manipulateur type III a une très bonne mémoire et il saurait interpréter négativement ce que vous pourriez lui dire accidentellement. Il est très habile pour établir des connexions entre les différentes informations qu'il peut tirer de vos conversations. Alors évitez de parler de vous, de votre vie privée ou de vos ennuis, car il saurait, là encore, les exploiter à son avantage. S'il pose des questions, restez évasifs. Vous n'avez aucun compte à lui rendre.

En entamant ce déconditionnement, vous stoppez progressivement le processus de manipulation. Il faut donc s'attendre à ce que le manipulatueur soit surpris, déstabilisé ou furieux de vous voir ainsi lui glisser entre les doigts. C'est là qu'il faut savoir tenir bon. Inventez des prétextes pour lui échapper, « oubliez » vos rendez-vous, faites lui comprendre que vous avez une vie privée ou des obligations professionnelles qui vous empêchent d'aller le voir.

Il n'est pas nécessaire de tout stopper brutalement. On peut le faire progressivement. Oubliez par exemple d'aller le (la) voir « accidentellement » ou bien, n'y allez plus qu'une semaine sur deux. Absentez-vous aux heures aux quelles il téléphone. Si vous avez l'habitude de lui téléphoner, espacez vos appels de plus en plus largement. Pensez également à utiliser le répondeur pour filtrer les appels et éviter qu'il n'empiète trop sur votre vie.

Éclaircir les demandes floues

Le manipula*tueur* est habile pour obtenir ce qu'il souhaite sans formuler directement ses demandes. Il les sous-entend, mais ne les exprime pas clairement. Dans ce cas, faites semblant de ne pas comprendre, même et surtout si vous savez déjà ce qu'il espère. Attendez qu'il s'exprime clairement. Il va peut-être s'énerver en voyant que vous ne tombez plus dans son piège, mais il vous faudra tenir bon. Vous savez dorénavant à qui vous avez à faire et quels dangers il vous fait courir.

Il ne faudra pas non plus vous laisser piéger par ses manœuvres pour vous culpabiliser. Ignorez, par exemple, le travail que votre collègue met sur votre bureau sans rien vous dire pour que vous le fassiez à sa place. Faites comme si vous ne l'aviez pas vu. S'il vous fait une remarque sur votre manque de coopération ou d'entraide vous pourrez alors lui dire : « Je peux t'aider quand cela m'est possible mais encore faut-il que je le sache. »

Lorsqu'un ami vous demande si vous êtes libre vendredi soir, ne répondez pas immédiatement « oui » car vous seriez alors ligoté par votre réponse et n'auriez plus de raison de lui refuser ce qu'il demande. Répondez-lui immédiatement : « Pourquoi ? » Cela le forcera à formuler une demande claire à laquelle vous pourrez plus facilement répondre non si le cœur vous en dit.

Une autre manière d'éclaircir ce qui est flou consiste à pointer immédiatement chacune de ses manœuvres. Ainsi, quand il parle par généralité en disant : « On dit que... il paraît que... », demandez-lui aussitôt : « **Qui** a dit cela ? » ou « **Où** l'avez-vous lu ? » ou encore, « **Comment** est-ce arrivé ? » Ne vous contentez pas d'explications vagues, exigez une réponse précise !

Les questions floues sur les dates, les détails, les origines ou les conséquences empêchent de se situer dans le temps et de s'organiser. Elles provoquent retards, reports, malentendus, accusations et conflits. Pour ne plus vous laisser piéger, pensez à la technique du ***QQCOQP*** *(coucou, c'est occupé)*. En lui demandant « **Qui** ? », « **Quoi** ? », « **Comment** », « **Où** », « **Quand** », « **Pourquoi** ? », vous serez ainsi certain de ne rien laisser passer.

S'il fait part d'une rumeur ou d'un ragot ou de n'importe quelle autre question floue, posez-lui immédiatement l'une des questions suivantes : ***Qui*** *te l'a dit ?* ***Comment*** *en es-tu sûr ?* ***Qu'est-ce*** *qui prouve que c'est vrai ?* ***Quand*** *était-ce exactement ?* ***Pourquoi*** *dis-tu cela ?* Là aussi, obligez-le à vous répondre clairement. En étant intransigeant et sans faiblesse, le manipulateur cessera rapidement ses manœuvres, du moins avec vous.

Défier le manipula*tueur*

On peut observer et comprendre ce qui se passe, on peut voir le manipula*tueur* pour ce qu'il est, on peut le voir le moins possible et ne plus aller se jeter dans la gueule du loup en l'obligeant à éclaircir ses propos afin de préciser ce qu'il demande. Mais dans la plupart des cas, tant qu'on ne riposte pas, on lui laisse libre cours pour continuer son travail de démolition.

Nous avons déjà vu que l'intention du manipula*tueur* est uniquement destructrice. Il cherche à détruire parce qu'il ne peut pas faire autrement. D'une manière ou d'une autre, il se sent menacé par ce que nous sommes ou par ce que nous faisons. Il n'a pas d'autre stratégie à sa disposition et quelque part, il se sent déjà battu. Aussi longtemps qu'on se laisse faire ou que l'on ne réagit pas (ou trop faiblement), il restera persuadé qu'il est le plus fort et il continuera son travail de destruction.

Du point de vue du manipula*tueur*, la gentillesse est un signe de faiblesse. Ce qui signifie que tant qu'on ne lui répond pas ou qu'on ne s'oppose pas, il pense qu'on a peur de lui, qu'on est faible et donc qu'il est sur la bonne voie. Il se sent libre de continuer à nous empoisonner l'existence.

Par contre, si on lui montre résolument que l'on n'a plus l'intention de se laisser intimider et que l'on va riposter, il battra généralement en retraite.

Et surtout, n'oubliez pas que c'est un faible et un lâche qui tire sa puissance de votre ignorance de sa véritable faiblesse. Aussi longtemps que vous croirez en ses menaces vous n'oserez pas réagir et il continuera de vous « pourrir la vie ».

À retenir

Si vous ne refoulez plus vos émotions, si vous osez lui dire ce que vous ressentez ou ce que vous pensez de son comportement, le manipula*tueur* va généralement faire « machine arrière ».

Derrière son guichet Françoise a l'habitude de recevoir des personnes mécontentes. Aussi, lorsqu'un manipulateur la menace en lui disant : « Donnez-moi votre nom que j'en parle en haut lieu », elle lui répond avec un beau sourire : « Mais monsieur, je vais même faire mieux ! J'appelle le responsable pour que vous puissiez lui en parler directement. Vous êtes Monsieur ? »

Il faut aussi savoir faire preuve de plus de fermeté.

Ce jeune homme faisait régulièrement l'objet de remarques insidieuses et blessantes de la part d'un autre étudiant. Un jour, il comprit qu'il avait à faire à un manipulatueur et qu'il n'avait rien à gagner en refoulant sa colère. À la première critique que celui-ci lui fit, il prit le type par le col de sa veste et menaça de l'envoyer à l'hôpital s'il continuait à dire quoi que ce soit à son sujet ou à sortir les mêmes imbécillités. Le manipulatueur se calma à la vitesse de sa lâcheté et ne revint plus jamais à la charge.

Sans être aussi agressif, on peut défier un manipula*tueur* en mettant les rieurs de son côté.

Au cours d'une réunion de projet, Patrick faisait depuis quelque temps de perfides et discrètes allusions sur Henri. Lorsque celui-ci s'en rendit compte il le défia directement en lui disant :

« J'ai l'impression que vous me suspectez de poursuivre des intérêts personnels !

— Je ne dis pas cela, mais nous voudrions savoir comment vous vous positionnez dans cette affaire. (Notez l'usage du nous pour dissimuler ses attaques.)

— Cher Patrick, sachez que les mauvaises intentions sont comme l'argent et qu'il faut déjà en avoir soi-même avant de pouvoir en prêter aux autres. »

La salle éclata de rire, d'autant plus que Patrick était connu pour servir des intérêts extérieurs au projet.

Un manipula*tueur* aime rabaisser les autres en se moquant d'eux mais il ne supporte pas d'être raillé. La plaisanterie est donc un bon moyen de le faire taire en public.

Pour un manipula*tueur* la gentillesse est un signe de faiblesse. En étant trop gentil, trop permissif ou trop prévenant avec lui, on lui fait penser qu'on est faible et qu'on le craint. Pour lui, c'est comme une invitation à poursuivre ses manœuvres destructrices.

À retenir

On ne risque rien à défier un manipula*tueur*, sinon de le faire battre en retraite. Les manipula*tueurs* ne s'attaquent qu'aux faibles. Ils évitent et craignent ceux qu'ils estiment plus forts qu'eux et qui osent les défier.

Dénoncer le manipula*tueur*

Dénoncer quelqu'un est, en soi, un acte grave qui n'est pas facile à réaliser. Mais dénoncer un manipula*tueur* est encore plus difficile à faire car on s'attaque à un fourbe, un tricheur, un menteur, prêt à tout pour se défendre et incapable de reconnaître ses torts. **Même si vous le prenez « la main dans le sac », il est capable de dire qu'il ne s'agit pas de sa main.** Dénoncer un manipula*tueur* demande donc de prendre un certain nombre de précautions. Tout d'abord, il faut révéler ses agissements, les mettre en lumière. Il est nécessaire d'établir des rapports sur ce qui se passe. S'il le faut, tenez un journal intime dans lequel vous pourrez noter, au jour le jour, tout ce qu'il accomplit de nuisible et de mauvais. Ne comptez pas sur votre mémoire qui est très volatile et notez tout ! Dans le cas contraire, les faits ou les détails finissent toujours par se mélanger ou par disparaître, laissant ainsi le terrain libre au manipula*tueur* pour contre attaquer ou se défendre. Conservez tous les documents écrits qui pourraient confirmer vos accusations et gardez-les en lieu sûr. Il faut aussi avoir des témoins qui, le jour venu, pourront attester officiellement de ce qu'ils ont vu. Notez leur nom dans votre « journal » à la suite de l'action dont ils auront été les témoins. On peut également utiliser des photos, des enregistrements sonores, des photocopies de ses lettres, de son agenda, de ses notes de service et de tout ce que vous pourrez trouver, pour prouver concrètement sa malveillance à votre encontre.

L'idée est d'accumuler tout ce qui peut constituer des preuves indiscutables de ses manipulations et d'en avoir suffisamment pour l'empêcher de trouver une échappatoire pour vous glisser entre les doigts.

Pierre-André a réussi à obtenir la garde de ses enfants en montrant tous les tickets de caisse qu'il avait conservés lorsqu'il faisait les courses pour la maison. Il a ainsi pu prouver que c'est lui qui assurait la subsistance de ses enfants alors que sa femme prétendait le contraire.

S'il s'étonne de vos prises de notes, prétextez que c'est pour ne pas oublier. Il deviendra tout à coup beaucoup plus précautionneux dans ses actes, comme dans ses paroles. Si vous ne pouvez pas prendre de notes, reformulez ses propos devant lui afin qu'il n'y ait pas d'ambiguïté. Cela a le mérite d'éclaircir les sous-entendus, d'éviter d'éventuels conflits et d'ouvrir la discussion.

Cette conservation méthodique est très utile en milieu professionnel.

Monique avait ainsi conservé toutes les notes de service et les courriers officiels de son supérieur. Lorsque celui-ci commença à la harceler, elle alla le voir et lui montra le double des lettres qui prouvaient ses multiples incohérences. Elle le menaça d'aller voir le directeur s'il continuait à l'embêter. Elle lui dit également que le DRH était au courant de ces lettres. Peu de temps après, c'est son chef qui a demandé à changer de service.

Après un entretien, une conférence ou une rencontre, si vous ne trouvez pas d'écrits officiels pour justifier ce qu'il a dit ou fait, vous pouvez lui envoyer une lettre qui résumera l'essentiel de ce qui c'est passé. Par exemple, vous pouvez lui écrire : « Suite à notre rencontre de ce jour, je prends bonne note de votre décision de... Lors de notre entretien du..., j'ai bien noté que vous... » Dans ce genre de courrier, bornez-vous à raconter les faits le plus simplement possible et sans rien ajouter. Surtout ne portez aucun jugement ou appréciation sur ce qu'il a dit ou sur ce qu'il a fait. Décrivez les faits, un point c'est tout. S'il ne vous répond pas, c'est votre courrier qui aura le plus de poids et qui servira de preuve. Si vous aviez eu tort dans vos écrits, il vous aurait répondu. Qui ne dit mot consent !

Le manipulateur type III joue sur la division, sur les corporatismes et sur les intérêts individuels pour monter les gens les uns contre les autres. Même en famille ou entre amis le manipula*tueur* sépare et divise pour mieux régner.

En réponse à cette stratégie de division et lorsque cela est possible, il faut s'unir pour briser la loi du silence qui généralement entoure ses méfaits. Pensez à informer votre entourage et les personnes concernées de l'aspect manipulatoire et de la dangerosité du personnage. Là aussi, l'union fera la force contre lui. Vous vous sentirez moins seul et vous découvrirez certainement des alliés qui vivent les mêmes choses que vous et qui, jusqu'alors, n'en avaient encore jamais parlé.

Avant de dénoncer un manipulatueur, il faut découvrir exactement les faits. Ensuite, il faudra les dévoiler publiquement en présence du manipulatueur et en présence de tous ceux qui sont concernés. Il peut s'agir de la famille, des amis, des collègues, des membres de son association ou de n'importe quelle autre victime de ses manipulations.

En dénonçant un manipula*tueur* il ne faut surtout pas prendre de précautions ni chercher à le ménager, comme on le ferait avec n'importe qui d'autre. Il ne faut pas le recevoir en privé ou le dénoncer en tête à tête. Le manipula*tueur* est un menteur, un tricheur qui pourrait vous dire une chose lorsqu'il est seul avec vous pour, ensuite, dire exactement l'inverse à d'autres interlocuteurs.

Il n'est pas digne de confiance et, pour se défendre, il pourrait vous accuser de l'avoir harcelé ou de n'importe quel autre méfait. C'est pour cela qu'il faut le dénoncer en public. Mais dénoncer ne veut pas dire faire des reproches.

À retenir

Dénoncer, c'est énumérer des circonstances et des faits précis qui s'appuient sur des documents concrets, écrits ou photocopiés. C'est un acte d'accusation clair, net et indiscutable.

Quand vous avez décidé d'entrer en guerre avec un manipulatueur, il faut s'engager totalement jusqu'à la victoire finale. C'est une lutte à mort et il n'y a pas à prendre de gants avec quelqu'un qui souhaite votre perte. Toute autre attitude comme celle de chercher un compromis ou de vouloir le ménager ne servirait qu'à lui rendre service. S'attaquer à moitié à un manipulatueur, c'est lui montrer que vous n'êtes pas vraiment déterminé à vous défendre. Pour lui, c'est un signe de peur et de faiblesse.

En vous défendant trop mollement, vous lui donnez de nouveaux arguments ou de nouveaux prétextes pour mieux vous détruire. Etant très habile à retourner les situations, il se servira de vos faibles menaces ou de vos timides assauts pour contre attaquer en vous reprochant de l'agresser, de lui vouloir du mal ou de chercher à le détruire. Aux yeux de tous il renverse les rôles et vous transforme en bourreau tandis que lui-même se présente en innocente victime que vous tourmentez injustement.

À retenir

On ne peut pas s'attaquer à moitié à un manipulatueur. Il faut le faire à fond et ne pas s'arrêter avant d'avoir gagné. Sinon, c'est lui qui gagnera.

Si la dénonciation est correctement effectuée, deux choses sont possibles. Soit il accepte sa défaite et se plie aux conditions que vous lui imposez, soit il rompt le combat en s'enfuyant.

S'il plie, il faudra lui imposer des règles rigoureuses pour l'empêcher de recommencer et le surveiller à l'extrême. La situation est la même que pour un alcoolique. S'il accepte d'arrêter de boire, il ne devra plus jamais prendre une seule goutte d'alcool. C'est la même chose avec un manipula*tueur*. S'il accepte de changer, il faudra le surveiller comme le lait sur le feu. L'erreur la plus courante étant de passer trop rapidement l'éponge au point de lui faire confiance à nouveau, comme si rien ne s'était passé.

S'il rompt, il faut s'attendre à une fuite qui peut revêtir des formes multiples. Il peut quitter la salle sans un mot, claquer la porte ou partir en ricanant pour ne plus jamais revenir. Il peut aussi démissionner, demander une mutation, prendre des congés, tomber malade. Il peut décider de ne plus voir personne ou se draper dans sa dignité en vous abandonnant vous et les autres à votre triste sort. Il peut jouer le mépris, la justice outragée ou la candeur assassinée.

Dans tous les cas ce ne sera qu'un masque de plus pour dissimuler sa défaite et sa fuite. Tout le monde étant au courant de ses forfaits, vous êtes débarrassé de lui. Veillez simplement à ce que, s'il sort par la porte, il ne rentre pas par la fenêtre. Mais si les faits de l'accusation sont indiscutables, cela n'arrivera pas.

À retenir

Le manipula*tueur* est un faible et un lâche qui évite et qui fuie ceux qui se montrent plus forts que lui et qui dévoilent sereinement ses méfaits en public, en s'appuyant sur des preuves et des témoignages irréfutables.

Couper définitivement toute relation avec le manipula*tueur*

Clotilde eut à subir un sérieux harcèlement moral de la part de son médecin chef. Elle essaya de se défendre, de lui prouver qu'il avait tort d'agir ainsi contre elle, mais rien n'y fit. Alors, elle rassembla toutes les preuves écrites prouvant les errements de son supérieur. Les infirmiers lui apportèrent leur concours pour dénoncer d'autres fautes et d'autres malversations. Elle obtint des attestations sur l'honneur émanant d'anciens responsables qui, eux aussi, allaient dans le même sens, dénonçant les comportements inacceptables de ce médecin. Mais rien n'y fit car, d'après les avocats, en l'absence de faute professionnelle avérée, il n'y avait rien à faire contre ce manipulatueur qui pu continuer à sévir, en pleine lumière et en toute impunité.

Cet exemple nous montre qu'on ne peut pas gagner à tous les coups. Il y a des circonstances et des endroits où il est encore extrêmement difficile de briser la loi du silence et de bouleverser un système bien rodé de castes et de protections croisées. Mais, contrairement à ce que pourrait vous dire un manipula*tueur*, ce n'est pas parce que l'on connaît parfois l'échec qu'il ne faut rien tenter.

Avec suffisamment de preuves et de confiance en soi, on peut s'opposer aux manipula*tueurs*, les contrer et les dénoncer en contre attaquant. Mais si tout cela ne suffit pas ou se révèle impossible à faire, il reste encore une ultime solution qui consiste à couper toutes les relations de dépendance avec votre persécuteur.

Devenir indépendant

Vous éliminerez ainsi une grande part de l'emprise que le manipulateur avait sur vous. Cherchez tous les fils qui vous relient à lui et coupez-les les uns après les autres. Cela peut-être douloureux, mais c'est la seule solution qui vous reste. Cette rupture définitive signifie généralement une séparation, un divorce, une démission ou un changement de poste. Notons au passage que les femmes sont en général plus fortes que les hommes pour opérer ce genre de coupure radicale.

La plupart du temps, il est très difficile de quitter un mari violent, une amie perverse, un travail qu'on aime ou un membre de sa famille qui nous ruine l'existence. Pourtant, dans certains cas, c'est l'unique solution si l'on veut continuer à vivre. Il arrive aussi que cela soit bien plus facile que ce que l'on a pu imaginer.

Olivier et Claire s'étaient mariés très jeunes. Mais, quelques années plus tard, les raisons qui les avaient poussés l'un vers l'autre avaient disparu. La vie commune était déjà intenable, lorsque la naissance de deux enfants vint encore aggraver la situation. Après avoir essayé tout ce qui lui paraissait possible, Olivier proposa une séparation de quinze jours, pour que l'un et l'autre puissent réfléchir tranquillement et faire le point. Au bout de quelques jours, Olivier se sentait tellement bien, tellement libre et tellement plein de vie qu'il lui paraissait évident que jamais plus il ne revivrait ce qu'il avait enduré pendant des années. Maintenant il était décidé à demander le divorce… et l'obtint.

Il n'est jamais facile de prendre de telles décisions et il faut parfois savoir se faire aider par des personnes de confiances, par des syndicats, par des associations ou par des professionnels. Même si vous souffrez terriblement et que vous pensez être la seule à vivre ce que vous vivez, pensez qu'il y a toujours d'autres personnes dans votre cas et que beaucoup s'en sont sortis en reconnaissant qu'elles ne pouvaient pas y arriver toutes seules et qu'elles avaient besoin de se faire aider.

Le manipula*tueur* est comme un sombre nuage qui empêche les rayons du soleil de la raison de nous atteindre. Tant qu'il nous domine ou que l'on reste « en dessous », on se sent mal, on fait des bêtises, on est confus, on tourne en rond. Mais en coupant toutes relations de dépendance ou en rompant complètement avec celui qui nous ruine la vie, on sort de sa pénombre néfaste pour retrouver les chauds rayons de la paix, de la liberté et de l'intelligence.

L'essentiel de ce chapitre

- **Quand on réalise que le manipulatueur est un faible et un lâche** qui abuse du pouvoir qu'on lui prête pour nous rabaisser et nous asservir et quand on découvre que la soif d'être soi-même est plus forte que ses menaces, ses armes ou son chantage, alors l'angoisse disparaît.
- En dépassant sa propre peur, on va au-delà de ses intimidations et on découvre qu'en réalité on ne risque pas grand-chose à s'opposer. **En s'éveillant du cauchemar qu'il nous fait vivre, on comprend qu'il a peur des autres et qu'il tire sa puissance de notre ignorance de sa véritable faiblesse.** On peut alors commencer à réagir, à se défendre et à retrouver le pouvoir de lui dire *non*.
- Contrairement aux apparences, le manipula*tueur* se sait incapable de vaincre les autres loyalement et à visage découvert. C'est pourquoi, ses armes sont : **le mensonge, la ruse et la calomnie.** On ne peut pas l'impressionner. Il ne reconnaîtra jamais ses torts et il refusera de se faire aider ou de changer.

- **Il nous paralyse.** Même quand on subit ses coups, on n'ose pas riposter par crainte d'hypothétiques représailles ou par peur de le blesser, notamment quand on le connaît bien. La plus grosse erreur est de croire que le temps va tout arranger, ou que le manipulateur va finir par changer, par comprendre ou par se lasser. Mais cela n'arrive pour ainsi dire jamais.
- **Les points faibles du manipula*tueur* type III** se trouvent à l'intérieur de ses points forts. Tant qu'on croit au chantage de ses menaces, on se plaint mais on n'ose pas réagir. La réalité c'est qu'il ne nous domine qu'aussi longtemps qu'on le craint.
- **Lorsqu'on découvre *qu'il tire sa puissance de mon ignorance de sa véritable faiblesse*, la peur paralysante disparaît.** On sait qu'il est démuni par l'opposition et les contre-attaques et qu'il ne peut que fuir devant ceux qui osent le défier. Dans ces conditions, on est prêt à lui dire *non*.
- **Il est temps d'organiser sa défense et, qui sait, de contre-attaquer.** En plus des outils utilisés contre la manipulation type II, il y a des techniques particulières pour tenir tête et terrasser la manipulation type III :
  - **Observer et comprendre** ce qui se passe apporte une libération. Percevoir le manipula*tueur* tel qu'il est vous donne du courage pour oser contre attaquer.
  - **Ripostez !** Vous montrerez ainsi au manipula*tueur* que vous ne vous laisserez pas intimider (demandez-lui, notamment, de préciser ses généralités et d'où il tient ses rumeurs et ses informations).
  - **Osez le défier !** Montrez-lui que vous ne le craignez pas. N'ayez pas peur de le ridiculiser mais sans jamais l'humilier. Évitez de le dévaloriser ou de le culpabiliser car alors il se positionnerait avantageusement en victime. Si vous êtes suffisamment persuasif et insistant, sa lâcheté fera le reste et il vous laissera tranquille.
- **S'il faut l'attaquer, faites-le, mais avec suffisamment de munitions !** Découvrez exactement ce qu'il fait et dévoilez ses méfaits en présence des témoins concernés. Accumulez des preuves concrètes contre lui puis pointez clairement ce qui ne va pas. Empêchez-le de répandre des rumeurs et, si vous le pouvez, instituez des règles très strictes pour le contrôler et neutraliser ses actions nuisibles, ne vous arrêtez pas avant qu'il ne plie ou qu'il ne casse. Dans certains cas, il faut aussi savoir se faire aider car la lutte est souvent très âpre et rien n'est jamais gagné d'avance.

- **Brisez net toute relation !** Il faut parfois savoir couper totalement la communication avec le manipula*tueur*. Le prix de l'indépendance peut être lourd à payer. Mais c'est à chacun de déterminer ce qu'il est prêt à sacrifier pour vivre en paix, libre et serein.
- **Ce serait une simplification exagérée** que de considérer le manipula*tueur* comme un grand méchant loup et de nous voir comme autant de victimes innocentes au cœur pur et sans tache. Si nous sommes plus ou moins régulièrement victimes de manipula*tueurs*, cela est rarement dû au hasard. Lorsque nous rencontrons toujours les mêmes obstacles ou que les mêmes difficultés se répètent, il faut savoir rechercher l'aide de personnes compétentes pour nous aider à effacer ou à modifier les zones sensibles de notre passé qui nous rendent vulnérables à la manipulation.

Nous savons maintenant que le manipula*tueur* ne se remet pas en cause et qu'il est incapable de changement. Ne faisons pas comme lui ! Sachons nous adapter en trouvant et en exploitant les moyens adéquats pour ne plus demeurer impuissant, pour nous fortifier, et pour ne plus nous laisser détruire par les manipulateurs.

C'était l'objectif de cet ouvrage que d'apporter des informations, des exercices et des outils à ceux qui se sentent démunis par la manipulation ou par le harcèlement et qui ne veulent plus jamais se laisser faire.

Que retenir de ce livre ?

- **La première partie** de cet ouvrage montre que si la manipulation est partout, son intention n'est pas toujours la même. Avant de faire quoi que ce soit, il est donc indispensable de savoir à **quel type de manipulation** nous avons à faire.

  Le manipulateur ***positif*** (type I) a une *intention positive*. Il veut le bien de l'autre ou défend ses intérêts.

  Le manipulateur ***égocentrique*** (type II) a une *intention* essentiellement *égoïste*. Il ne pense qu'à ses intérêts, sans se soucier des problèmes que son désir insouciant va générer chez les autres. Cependant, il est accessible au dialogue et à la remise en cause.

  Le manipulateur ***malveillant*** (type III) a toujours une *intention destructrice*. Tout ce que ce manipula*tueur* entreprend est destiné à vous abattre, à ruiner ce que vous faites ou à détruire un aspect de votre personnalité qui le dérange. Quoiqu'il en dise, c'est son unique préoccupation et rien ne le fera changer tant qu'il n'y sera pas parvenu.

  Qu'il soit de type II ou de type III, le manipulateur peut être suffisamment *charmeur* pour qu'on n'ose pas lui refuser ce qu'il demande. S'il est du genre *culpabilisateur*, il jouera sur notre sentiment de réciprocité pour nous obliger à le satisfaire. Le manipulateur *respectable* mise sur notre soumission naturelle à l'autorité et au pouvoir qui nous empêche de lui dire *non*. Le manipulateur *autoritaire* s'impose par la peur ou par la terreur qui paralyse ses victimes jusqu'à leur ôter l'idée de vouloir s'opposer à lui.

- **La deuxième partie** nous a enseigné **comment dire** ***non*** aux différents types de manipulation. Il n'existe pas de réponse toute faite, mais une aptitude (à se défendre, à s'affirmer et à contre-attaquer) qui dépend de notre connaissance du sujet. Plus on comprend ce qu'est la manipulation, moins elle nous atteint et plus on devient *indifférent* à ses manœuvres.

De manière générale, on n'ose pas dire *non* par crainte de l'autorité, en raison d'un curieux sentiment de culpabilité ou à cause de ce besoin irrépressible d'être aimé, accepté, ou simplement apprécié de ceux par qui l'on craint d'être rejeté.

On a également du mal à résister aux manipulateurs parce qu'ils nous attaquent dans des moments de faiblesse ou de passivité et qu'ils exploitent nos peurs et nos idées toutes faites.

Les exercices de cet ouvrage ont montré comment dépasser ces sentiments de faiblesse et d'impuissance. Ils avaient pour objectif de développer de nouveaux réflexes chez les lecteurs qui auront eu le courage d'y consacrer suffisamment de temps. Ils nous ont aidés à prendre confiance et à mieux affirmer ce que nous voulons faire, ce que nous voulons être et ce que nous voulons vivre.

- **La troisième partie** nous a montrés quels étaient **les symptômes externes et internes de la manipulation type III**. Ce sont des signaux d'alerte bien plus crédibles que toutes les paroles et affirmations du manipulateur.

Derrière leur apparente dangerosité les manipula*tueurs* ont un certain nombre de points faibles qui vont nous permettre de leur tenir tête.

Les manipulateurs s'estiment incapables de réussir autrement que par la destruction (cachée et perverse). Il nous font culpabiliser et nous tiennent aussi longtemps que l'on se laisse impressionner par leurs menaces, leurs chantages et que l'on a peur d'eux parce que nous les croyons dangereux. C'est leur unique stratégie et ils ne savent pas agir autrement. *Ils tirent leur puissance de notre ignorance de leur véritable faiblesse.*

Malgré leur apparence, ce sont des lâches qui sont incapables de se remettre en question, de changer ou de se faire aider. Il ne faut surtout pas faire preuve de commisération ou de gentillesse excessive en les excusant ou en leur pardonnant trop vite ce qu'ils nous font. Se comporter ainsi serait pour eux un signe de faiblesse qui les inviterait et les encouragerait à continuer leur œuvre de destruction. *Ce qu'ils redoutent le plus c'est que l'on cesse d'avoir peur d'eux et qu'on leur tienne tête.*

On peut discuter ou négocier avec un manipulateur type II. On ne le peut absolument pas avec un manipula*tueur* (type III) car derrière son discours se cache toujours l'intention de détruire ce que nous sommes, ce que nous faisons, ou un aspect quelconque de notre personnalité. Rien d'autre ne l'intéresse et rien ne le fera changer d'avis tant qu'il n'y sera pas parvenu. Cette obstination symptomatique à détruire justifie, à elle seule, la fin du dernier chapitre consacrée aux outils supplémentaires et aux comportements spécifiquement adaptés pour répondre à la manipulation type III ou pour faire face à un véritable harcèlement moral.

Pour conclure

Avec la citation mise en exergue, nous avions placé cet ouvrage sous la pensée du philosophe Épictète qui vécut sous Néron durant la seconde moitié de notre premier siècle.

Maintenant qu'il s'agit de conclure et de résumer l'esprit de ce livre, écoutons une dernière fois cet ancien esclave qui parlait avec simplicité des choses de la vie. En s'adressant à ses contemporains, peut-être pour parler de manipulation et de harcèlement, il exprima cette pensée qui pourrait servir de devise à tous ceux qui ne veulent plus se laisser faire : **« Ce ne sont pas les évènements qui toublent les hommes, mais ce qu'ils en pensent. »**

Table des matières

Table des matières

Table des matières